SOUVENIRS D'UN OUVRIER.

SOUVENIRS

D'UN OUVRIER

PAR

P. DERUINEAU

PEINTRE EN DÉCORS

Membre titulaire de la Société Industrielle du département de Maine et Loire.

ANGERS,

IMPRIMERIE DE BOURGE ET MAIGE, PLACE SAINT-MARTIN, 1.

—

1859.

SOUVENIRS D'UN OUVRIER.

CHAPITRE Ier.

L'apprentissage. — Le jeune ouvrier. — Départ. — Rencontre. — Arrivée à Paris.

J'avais à peine quinze ans lorsque je finis mon apprentissage. Ce terme que je n'envisageais alors qu'avec inquiétude, a laissé en moi un si profond souvenir, que j'éprouve le besoin de consigner ici quelques réflexions. Elles me sont suggérées par la position de la plupart des jeunes ouvriers qui, chacun à leur tour, arrivent à cette époque souvent difficile et toujours décisive; car la Providence leur jette à tous cet inflexible arrêt : *à chacun sa route*.

Si cette époque a paru digne de quelque attention, on peut dire qu'elle n'a pas encore été l'objet d'un examen sérieux et approfondi. Elle comporte cependant une question vitale, et pour la traiter dans son ensemble, il faut des études longues et pratiques; ici des idées purement théoriques seraient insuffisantes pour arriver à la solution.

L'apprentissage, selon moi, doit participer de la tutelle et du patronage; il ne peut devenir efficace qu'à cette condition.

L'observation et l'expérience donneront cette conviction, mais il faut d'abord que cette idée trouve son appui dans l'opinion publique; qu'elle soit encouragée et comprise par les classes aisées, d'autant plus qu'elle présente de nombreuses difficultés à surmonter. Il lui faut plus encore : le concours intelligent et dévoué des hommes sérieux et bienfaisants lui est nécessaire; ils doivent faire de cette question humanitaire leur pensée de tous les instants, leur travail de tous les jours, s'ils ont à cœur de la résoudre et d'en poursuivre l'application. L'entreprise est grande; elle est laborieuse et difficile; mais les résultats sont de nature à payer de bien des peines et de bien des ennuis : ce sera pour l'esprit une étude pleine d'intérêt, pour le cœur, la plus douce des satisfactions. Déjà de nobles courages se sont voués à cette importante mission; avec eux et comme eux nous croyons au succès; et nous voyons, pour les artisans qui nous suivront dans la carrière, des conditions certaines d'amélioration et de bien-être dont nous avons été privés.

Après les sacrifices qu'exige l'instruction de l'enfance, il s'agit de lui assurer les moyens d'existence par le travail. La famille de l'ouvrier ne saurait pourvoir à la fois aux uns et aux autres : ici le secours de la société devient doublement obligatoire C'est à quatorze ou quinze ans que l'adolescent, passant de l'école à l'apprentissage, jeté dans un monde aux habitudes duquel il est étranger, va se trouver lancé dans une vie nouvelle; là, chacun est livré à ses propres forces; et lui, malheureux enfant, peut-être succombera-t-il s'il ne rencontre sur sa route une main protectrice. Or, le plus souvent il est délaissé par la foule indifférente, dans notre société si fière de sa civilisation, où les passions rencontrent de continuelles excitations.

Il aura sans cesse sous les yeux la licence, la débauche, l'exemple des plus mauvais instincts, et pour guide, il aura le plus souvent les conseils de la misère. Tout semble conspirer pour détourner du sentier de l'honneur et du devoir le jeune ouvrier qui débute dans le monde.

Sa curiosité, si vive et si naturelle chez un enfant, est constamment sollicitée, car tout est nouveau pour lui et autour de lui; il se livre aux plaisirs qui sont à sa portée, et bientôt rassasié, il songe déjà à ceux qu'il n'a pas les moyens de se procurer et que par cela même il convoite avec le plus d'ardeur.

Le chemin de la dépravation offre aux jeunes apprentis une pente d'autant plus rapide qu'ils sont par fois exposés à la brutalité de certains patrons indignes de ce nom, qui ne voient dans ces enfants que des services à exploiter.

De là le coupable abus que l'on fait de leur faiblesse, en les livrantàun travail qui nuit souvent au développement de leurs facultés physiques et morales. Ce sont de jeunes plantes qui s'étiolent par la privation d'air et le manque de culture.

En effet, vivant pour la plupart douze heures au moins chaque jour dans une atmosphère épaisse et viciée, chargés de lourds fardeaux, manipulant des substances grasses, des couleurs d'une nature délétère, des matières terreuses ou métalliques souvent nauséabondes et toujours nuisibles, quelles doivent être leurs souffrances; quelles impressions doivent résulter pour eux de tant de fatigues dans de si cruelles conditions? Et que l'on n'invoque pas ici la force de l'habitude, ce serait une monstruosité! L'habitude ne peut devenir une seconde nature, que quand les conditions où l'on se trouve sont dégagées de tous les éléments dangereux, de toutes les propriétés malfaisantes.

Les causes d'altération physique et morale que nous venons de signaler, sont incontestables; elles agissent sur les enfants; ils en portent les stigmates. Nous en avons par nous-mêmes acquis la triste expérience. On cite souvent pour modèle et l'on environne d'intérêt l'ouvrier qui, en face des besoins de sa famille, assujettit son enfant à un travail pénible et dangereux : on a tort; car tout doit céder devant l'intérêt de l'enfant, quand cet intérêt surtout est appelé à exercer une grande influence sur son avenir et sur le développement de ses facultés.

Il serait à désirer que, dans chaque localité, il fût établi un conseil de surveillance composé du maire, de conseillers municipaux et d'honorables citoyens auxquels un médecin serait adjoint. Ce conseil aurait pour mission d'examiner la nature physique de l'enfant, de constater le genre de travail auquel il serait propre, en conciliant le goût et les dispositions de l'enfant avec les idées de ses parents et leurs moyens pécuniaires.

Nous sommes fondés à croire qu'à l'aide d'une tutélaire institution de ce genre, on arriverait à donner aux enfants un état en harmonie avec leur force, et même avec leurs inclinations.

On rencontre malheureusement trop fréquemment des parents assez peu soucieux du bien-être de leurs enfants pour n'apporter dans le choix d'une profession qu'une coupable indifférence; nous voudrions que l'Etat fût en droit de combattre une aussi déplorable incurie, et de s'interposer, au nom de la société, pour l'accomplissement d'un devoir qu'aurait méconnu ou négligé le père de famille; car plus la génération promet à l'Etat une population forte et énergique, capable d'améliorer et d'enrichir par ses travaux, plus elle assure à la société de sécurité et de puissance. Mais, avant tout, l'Etat ne doit pas intervenir incomplètement dans l'instruction qu'il distribue aux enfants du peuple.

Il s'est borné jusqu'à ce jour à leur donner quelques notions élémentaires, mais il n'a rien fait encore pour l'éducation professionnelle. Pourquoi, dans chaque école, ne classerait-on pas les enfants par catégorie, suivant que leur aptitude ou les vues de leurs parents les appellerait à telle ou telle profession? Ce serait pour les arts manuels comme pour les arts libéraux une garantie de progrès et de perfectionnement; et pour les jeunes gens, l'assurance d'une utile et sûre direction. Les chefs des grandes industries, des manufactures, des ateliers n'en auraient pas moins une tâche importante à remplir après ces précautions préliminaires. Par leur position, ils sont à même, mieux que qui que ce soit, d'éclairer, de diriger les jeunes ouvriers par des avis sages et mesurés. Lorsque, victimes de leur inexpérience, quelques-uns viennent à s'écarter des voies du bien et de l'honnêteté, ils peuvent leur représenter le tableau de leurs besoins, et leur faire sentir combien leurs égarements les rendraient inutiles dans la grande famille.

Des conseils intelligents feraient comprendre à ces enfants avec quelle infatigable ardeur ils doivent chaque jour travailler à développer les facultés qu'ils tiennent de la nature. On améliore les mœurs par l'étude et le travail. De cette intervention toute paternelle des chefs de maison, il conviendrait de faire une des conditions expresses de l'apprentissage des jeunes gens; les uns y gagneraient en considération, les autres en moralité, et en peu de temps les fabriques, les ateliers, les grands centres de travail et de production, se peupleraient d'ouvriers sages et instruits, capables de raisonner leur profession et de suivre avec habileté et discernement les améliorations que la civilisation tend à introduire dans les arts.

Je n'ai pas trouvé tous ces avantages et toutes ces garanties, lorsque, livré à moi-même au sortir de mon apprentissage, j'ai été appelé à me tracer seul la route que je devais prendre.

Ainsi que je l'ai déjà dit, j'avais quinze ans à peine; et bientôt je me sentis possédé d'un seul besoin, celui de voyager. Pour l'enfant du peuple, c'est le désir de s'instruire ; et cependant au premier abord, c'est vraiment quelque chose d'inexplicable en apparence que ce sentiment qui pousse certaines classes d'ouvriers à courir le monde; cette vie nomade laisse l'ouvrier maître absolu de ses idées; n'ayant rien de réfléchi, chez lui tout est spontané ; et sans préoccupation de l'avenir, il fait du travail sa seule richesse. S'il pensait aux périls qui l'environnent, ne frémirait-il pas d'entreprendre un voyage d'où doit dépendre son avenir? Ce vaste champ est-il libre pour lui; la route du bien et du mal est ouverte, laquelle choisira-t-il?

Sorti d'apprentissage, le jeune ouvrier quitte promptement et avec plaisir le toit paternel.

Le pays toujours cher, même aux plus malheureux, est abandonné sans regrets; un charme irrésistible l'entraîne sans qu'il le comprenne. Se perfectionner dans le métier qu'il professe est son désir, sa passion; acquérir de nouvelles connaissances, essayer d'autres mœurs et de nouvelles habitudes, vivre sous un autre ciel que celui qui l'a vu naître, c'est chez lui un impérieux besoin ; et cependant aucune gloire ne l'attend, aucune perspective de bonheur certain ne s'offre à lui.

Il est satisfait de sa position, indifférent sur la manière de pourvoir aux nécessités de la vie, et je ne suis point éloigné de croire, qu'un ouvrier, voyageant ainsi, n'a jamais fait un repas qu'il ait jugé médiocre, ni couché dans un lit qu'il ait trouvé mauvais.

Ce contentement intérieur qu'il ne saurait définir, jette un prisme sur tout ce qui l'environne, et couvre de fleurs le chemin hérissé d'obstacles qu'il parcourt.

La hardiesse de son entreprise agrandit pour ainsi dire la

sphère de son intelligence et lui suggère des idées que probablement il n'aurait pas eues dans le calme et la solitude du lieu de sa naissance, ce n'est ni l'esprit mercantile, ni la passion de l'or qui le possèdent ; il ne demande rien à la fortune, il se rit des rigueurs du sort et ne relève que de lui-même, que de l'idée sublime de liberté qui le domine.

L'ouvrier est avide de tout voir, de tout entendre, de tout connaître ; ce qui lui apparaît sur un point, il le retrouve différent sur un autre ; il n'y a ni distance, ni obstacle qui l'arrête ; il visite les villes, les campagnes ; sur sa route il rencontre des ruines, des châteaux, des vallées, des montagnes ; on le retrouve dans les grandes réunions, dans les fêtes publiques, mêlé à la foule des élégants et des gens à belles manières, au milieu des savants et des artistes en tous genres. Il visite avec empressement les monuments, les édifices, et malgré la différence qui existe entre lui et les hommes du grand monde, il éprouve la même attraction ou la même antipathie qu'eux ; il a le même sentiment et les mêmes vues ; il se groupe avec la foule autour des objets d'arts, il les critique ou il les admire, son jugement est toujours droit et par conséquent le plus souvent juste et vrai.

Les écoles et les systèmes ont des genres, des formes qu'ils affectionnent, qu'ils préfèrent et qui posent des règles de pure convention.

L'ouvrier ne s'exalte ni pour les uns ni pour les autres ; indépendant en matière d'art, il rend justice au sentiment du beau partout où il le rencontre, son goût est net et sûr ; une équité naturelle qui lui vient d'en haut et qui jamais ne le trahit, inspire ses choix et guide son intelligence. Là, où le peuple s'arrête et admire ; là, presque toujours, est le génie.

Ainsi les voyages font naître et développent chez l'ouvrier le sentiment de ce qu'il peut ; ils révèlent à ses yeux et à sa pensée tant d'œuvres admirables, qu'il est arrivé à plus d'un homme du peuple de sentir, en parcourant le monde, s'allumer en lui le feu caché du génie, et, s'élevant de la plus humble place aux premiers rangs de la société, de l'étonner et de la ravir par de magnifiques et admirables créations.

Toutefois, sans élever si haut ses rêves de succès, chaque jeune ouvrier se sent ému d'espérances qui malgré lui l'entrainent et soutiennent son ardeur. Pour lui, l'inconnu présente d'irrésistibles attraits et dissimule les plus décourageants obstacles. La jeunesse, a-t-on dit, est comme l'aurore; à cet âge heureux tout est couleur de rose; tout s'offre sous un aspect séduisant, tout éblouit, tout charme, parce qu'on est loin encore de la réalité.

Ainsi, je me rappelle parmi mes plus délicieuses illusions, les rêves de mes dernières nuits sous le toit paternel. L'avenir se déroulait à mes yeux sans bornes et sans nuages; une foule de plaisirs m'enivraient d'avance, et ma pensée ne pouvait admettre les déceptions et les écueils que rencontre un jeune homme à son entrée dans le monde.

Cinq heures du matin venaient de sonner, cette heure qui, la veille, avait été fixée pour mon départ, mit un terme à mes ravissantes rêveries; les préparatifs du voyage avaient été faits d'avance, et mon père et ma mère y avaient apporté toute la sollicitude possible Nos adieux furent tristes, nos larmes coulèrent et se confondirent dans nos embrassements.

En un instant mes dernières dispositions furent prises. On me mit sur le dos le sac qui contenait mes effets, puis, une gourde au côté, un bâton à la main, je pris la route qui de Tours devait me conduire à Paris, objet de mes rêves et de tous mes vœux.

J'étais presque sans instruction. A cette époque, éloignée encore des progrès qui se sont réalisés depuis, l'éducation des jeunes gens appartenant à la classe ouvrière se bornait à quelques données générales. Peut-être craignait-on qu'avec une instruction plus développée, le travailleur ne se fit un besoin de l'indépendance. D'ailleurs, les moyens d'instruction étaient peu répandus; les sciences renfermées dans les lycées et dans quelques autres écoles, ne pouvaient être abordées que par les favoris de la fortune. L'ouvrier, avec les plus heureuses dispositions, avec le plus ardent désir d'acquérir des connaissances, se sentait arrêté par une barrière infranchissable; un sort injuste avait marqué de sa main le point au-delà duquel il ne lui était pas permis d'atteindre. Je n'ai, du reste, ni la volonté, ni la faculté nécessaire pour traiter ici cette question trop tardivement comprise.

Une pensée seulement me frappe : c'est que les passions qui nous agitent et les vices qui nous rabaissent, ont leur germe dans notre organisation elle-même; et comme l'éducation peut en comprimer l'essor, c'est elle, avant tout, qu'il faut répandre, perfectionner et approprier surtout aux diverses positions des hommes en société.

Je m'étais donc mis en route et je marchais le sac s r le dos, la gourde au côté, de ce pas hardi que l'on prend à quinze ans, sous les noyers et autres grands arbres, dont l'ombrage forme en été, sur la levée de la Loire, un dôme de verdure.

Je fus bientôt accosté par un homme portant l'habit militaire; cet homme avait dépassé l'âge mûr. Il était d'une taille ordinaire. Sa figure basanée, son front sillonné de rides, son air sévère et martial annonçaient un de ces héros vieillis dans les camps et blanchis sous les drapeaux.

Après avoir marché quelque temps à mes côtés :

— Eh bien, jeune homme, me dit-il, en me frappant légèrement sur l'épaule, vous ne paraissez pas trop fatigué? —Non, répondis-je timidement, et vous?—Moi, je me rends à Paris. —Bien, dis-je à part moi, s'il le veut, nous ferons route ensemble, enchanté que j'étais de rencontrer dans un tel compagnon un protecteur dont je sentais le besoin.

La conversation s'engagea ; je manifestai mon goût pour l'état militaire; je m'épanchai naïvement, et le vieux soldat ne fut pas longtemps à comprendre que mon cœur était pur et sans artifice.

Nous marchions toujours en conversant, et sans nous apercevoir du chemin que nous faisions ensemble. Arrivés en vue du château d'Amboise, et après nous être arrêtés un instant pour contempler la hauteur de ce vaste édifice, une demi-heure de marche nous suffit pour nous conduire à notre première halte. Mon compagnon de voyage se rendit à la Mairie, où on lui délivra un billet de logement. J'acceptai de devenir son camarade de lit; et comme j'étais extrêmement fatigué, nous allâmes de bonne heure nous livrer au repos.

Quel début pour une première journée!

A peine sorti du gîte paternel, je partageais le lit de l'un de ces vieux débris de l'Empire, de l'un de ces hommes, si redoutables dans les camps, et qui près de moi pouvait remplir le rôle d'un père, en m'éclairant de sa vieille expérience pendant la route qu'il nous restait à faire ensemble...

L'aurore venait à peine de paraître, lorsque je m'éveillai. Tout était calme et silencieux autour de nous. Mon nouvel ami dormait paisiblement encore. J'écartai doucement sa vieille capote qui nous avait servi de couverture.

Un faible jour nous éclairait et répandait ses lueurs incertaines sur cette belle et calme figure, bronzée sous tant de climats différents et flétrie par la guerre et les longues privations.

D'énormes moustaches ombrageaient ses lèvres ; son front était sillonné par une large cicatrice, dans laquelle avait disparu une partie du sourcil ; sa poitrine découverte laissait apercevoir les traces profondes de deux coups de lance, et cet ensemble, quoique sévère et triste, offrait quelque chose de beau et d'imposant.

J'hésitais à troubler le sommeil du vieux soldat ; mais il

faisait grand jour et nous avions quarante kilomètres à faire dans notre journée. Je me décidai donc à le réveiller ; quelques instants nous suffirent pour nous habiller, et nous quittâmes gaîment la pauvre mansarde où nous avions trouvé une paisible hospitalité. .. .

Notre voyage fut pour moi plein de charmes.

Le vieux soldat me raconta mille circonstances de sa vie, qui touchèrent mon cœur, et exaltèrent ma jeune imagination.....

Nous marchions toujours d'étape en étape, recevant à chacune d'elles un billet de logement dont toujours nous profitions ensemble.

J'étais déjà tout habitué à ce genre de vie, quand il fallut nous séparer à quelques lieues de Paris; car mon vieux compagnon était d'une famille de laboureurs et devait prendre un chemin de traverse près d'Arpajon, pour se rendre chez lui.

Notre séparation fut touchante.

Après nous être embrassés comme deux frères, il prit mes mains dans les siennes, et dans quelques phrases simples et venant du cœur, il m'avertit des dangers que court un jeune homme à Paris; il fit appel à ma prudence, au nom de mon intérêt et me souhaita le bonheur dont je lui semblais digne. Sa morale fut courte; mais il me parla sans apprêts et avec cette générosité d'ame et cette franchise qui caractérisent toujours le soldat français.

En arrivant à Paris j'appris que plus de quinze cents ouvriers de mon état y étaient sans ouvrage.....

———

CHAPITRE II.

Paris. — Les barrières. — L'ivrognerie. — Condition misérable de l'ouvrier. — Dissipation et désœuvrement. — Deux amis. — Départ de Paris.

Il me restait quelque argent, je pris la résolution d'attendre que les travaux eussent repris leur cours.

Je louai un petit cabinet au septième étage. Figurez-vous un étroit réduit dans lequel on arrivait par un escalier malpropre et mal éclairé. Cet appartement, si on peut le nommer ainsi, avait pour tout ameublement un lit de sangles, sans rideaux, garni seulement d'un mauvais matelas et d'un traversin; une table avec un tiroir sans serrure, ce qui peut s'appeler un meuble de confiance ; deux chaises dont l'une était entièrement dégarnie de sa paille ; un pot à l'eau, une bouteille qui servait de chandelier, et pour trumeau, un morceau de glace fixé à la muraille par deux clous.

Ne croyez pas que cette mansarde fût pour moi un lieu de tristesse ; au contraire, j'y conservai toute ma gaîté et je reposai plus paisiblement sur mon grabat que bien des gens sur l'édredon et sur les riches tapis d'Aubusson.

N'ayant rien à faire, je courais et j'allais de tous côtés et surtout aux barrières, le rendez-vous des ouvriers, lieu de prédilection du prolétaire, et où le travailleur vient noyer dans un litre de vin à six sous, la fatigue de toute la semaine. Cet homme que vous avez vu pendant six jours en veste usée et avec la barbe longue, n'est plus reconnaissable à la barrière ; sa figure exprime le bonheur ; il s'est rasé, il a lavé ses mains rudes et calleuses, il a mis son vêtement le plus propre, et, prenant un air de fête, il a oublié tous ses ennuis.

Boire, chanter, danser, sans songer au lendemain, sont les seules occupations de cette journée de bonheur et de plaisir.

Cette sorte d'insouciance de l'ouvrier paraît blâmable au premier abord ; mais celui qui s'y livre cherche à oublier un instant qu'il doit travailler péniblement toute sa vie, et qu'un jour, courbé sous le poids des ans et des infirmités, il aura pour refuge l'hôpital ou quelque maison de charité pour y finir tristement ses jours.

Cependant il est un spectacle vraiment affligeant pour l'humanité, c'est de voir cette foule d'hommes, de femmes et d'enfants, qui après avoir travaillé pendant toute une semaine et n'avoir pas eu de nécessaire, viennent de gaîté de cœur, dépenser follement dans ces guinguettes, le fruit de leurs pénibles travaux.

Il y a souvent, sous ce rapport, dans certaines familles une incurie honteuse et véritablement condamnable ; car il en est qui ne se font aucun scrupule de mener leurs enfants dans les cabarets, et d'y boire devant eux outre mesure en se repandant en propos grossiers ou obscènes. Le vin frelaté qu'ils boivent les étourdit promptement; leur imagination s'enflamme, ils deviennent querelleurs, emportés, extravagants; et souvent les scènes de violence auxquelles ils se livrent ne prennent fin qu'avec l'intervention de la police.

Ce penchant à l'ivresse, ce délire passager qui fait trève aux fatigues du travail, sans réparer les forces de l'homme, trouble ses idées, et le ravale au dessous de la brute. En perdant sa raison, il perd sa dignité; il foule aux pieds tout sentiment d'honneur et de vertu, il offense ce qu'il a de plus sacré; ses amis les plus chers sont méconnus par lui, et il porte le désordre et la désolation dans sa famille, qu'il pervertit par son funeste exemple.

Quel spectacle plus hideux que celui de l'homme privé de sa raison! Ne peut-il pas dans cet état se porter à des actes de fureur et se rendre coupable des actions les plus criminelles?

Cette passion du vin, l'habitude de ce déréglement une fois contractée, s'invétère et augmente avec l'âge; rien ne peut détruire ce malheureux penchant qui devient alors une nécessité; des infirmités précoces, une existence misérable, une fin prématurée, tels en sont alors les funestes résultats.

Malheureusement, il faut bien le dire, il y a dans la classe laborieuse des natures indomptables, des hommes qui n'éprouvent de bonheur qu'au milieu de l'ivresse.

Mais il en est aussi, et c'est aussi le plus grand nombre, qui ne sont tombés dans ce malheureux penchant que parce qu'ils ont eu constamment devant eux ce fantôme hideux que l'on appelle la misère, qui sans cesse les menace et les poursuit après une vie de labeur et de privations.

Ayant presque toujours en perspective l'impossibilité d'un avenir meilleur, ils se prennent à désespérer d'eux-mêmes, et l'insouciance les livre à toutes les souffrances du désordre et de la pauvreté.

Que si chacun d'eux, après les longs et pénibles travaux d'une vie tout entière, avait la certitude de voir sa vieillesse secourue et tranquille ; certes le calme et la sécurité que cela mettrait dans son ame, soutiendraient sa faiblesse et le préserveraient le plus souvent des vices dégradants qui ont perverti tant de nobles et généreuses natures.

Nous qui avons ressenti et vu de près le mal que nous signalons, nous avons le droit d'élever la voix pour demander avec instance que l'on améliore la condition d'une classe à laquelle nous sommes fier d'appartenir.

Lorsque dans tous les rangs de la société, l'on récompense les longs services, même ceux qui donnent la gloire et la fortune ; lorsque la vieillesse ou les blessures du soldat lui donnent droit aux Invalides, pourquoi refuserait-on un asile, quelques consolations et un pain honorable à celui que la fatigue et le travail ont épuisé, que les privations et la misère ont poursuivi, et qui n'est pauvre souvent que parce qu'il a soutenu ses vieux parents, éprouvé de longues maladies et donné de nombreux enfants à la patrie.

Que l'on assure le sort des travailleurs et l'on calmera bien des irritations ; qu'on le fasse avec convenance et loyauté, et l'on tiendra leur ame dans une situation calme, leurs désirs dans une juste modération ; et le sentiment de la dignité de l'homme se soutiendra et se fortifiera en eux.

Plusieurs mois s'étaient écoulés agréablement. Je m'étais jeté sans réserve dans les plaisirs. Toutes les beautés de la capitale étaient chaque jour pour moi l'objet d'une insatiable curiosité. Tous les monuments publics, théâtres, musées, églises, jardins, promenades ; je voulais tout voir et tout connaître et je visitais tout avec la plus minutieuse attention. Je jouissais d'une liberté si grande et j'en sentais si bien le prix, que j'oubliais tout ce que j'avais laissé derrière moi : pays, parents, amis, tout m'était devenu pour ainsi dire indifférent ; je venais de secouer les chaînes de mon enfance, et je ne voyais la vie que sous ses aspects les plus joyeux.

J'étais encore bien naïf, mon cœur était ignorant de tous les dangers du monde et je marchais sans crainte et d'un pas assuré dans ce grand labyrinthe, où je me trouvais sans connaissance des hommes ni des choses.

De nouvelles occasions de plaisir venaient chaque jour s'offrir à moi, je les saisissais avec empressement, et bientôt elles me firent tomber dans la dissipation et le désœuvrement le plus complet.

A Paris, la jeunesse trouve chaque jour des piéges tendus à son inexpérience. Les passions s'y déploient dans les plaisirs avec un empire indomptable. L'oisiveté à laquelle on s'habitue si vite, favorise tous les vices; les bons sentiments s'éteignent, et l'on arrive bientôt à ne rougir de rien. Alors on a perdu la force nécessaire pour s'arracher aux folies et aux extravagances commencées; et pour peu que l'on ait conservé quelque reste de délicatesse et d'honnêteté, on est en butte au sarcasme de ceux en qui tout sentiment du devoir a disparu.

Je n'étais pas encore descendu à ce degré d'avilissement; j'avais conservé quelques principes, et le vice n'avait point encore fait assez de ravages en moi pour m'empêcher de sentir le vide de mon existence agitée et sans but.

Je commençai à concevoir des craintes sérieuses sur mon avenir. Je songeais avec attendrissement au passé, à mes jours sans nuages, à mes parents, au bonheur de les revoir, de les serrer dans mes bras et de trouver près d'eux un refuge contre les dangers qui m'assiégeaient.

Ce fut ainsi que je fis revivre en mon cœur cette candeur et cette confiance que l'entraînement des plaisirs de Paris avaient déjà profondément altéré en moi.

Cependant le travail me manquait, mes ressources étaient épuisées, que faire, que devenir ? Ce fut alors que les plus tristes réflexions vinrent accabler mon imagination.

Je restai plusieurs jours sans sortir de mon réduit, et cette crise douloureuse pouvait se prolonger encore, lorsque, vers le soir du troisième jour, j'entendis frapper brusquement à ma porte. Je courus en tirer les verroux et ma surprise fut grande à la vue de deux de mes amis qui, ayant appris ma fâcheuse position, venaient mettre à ma disposition le peu d'argent qu'ils possédaient, et les conseils d'une sincère amitié; j'acceptai le double secours qu'ils m'offraient; je leur tendis la main et les remerciai avec affection de leur noble et généreuse démarche.

Ah! si la philantropie est pratiquée chez les classes aisées avec dévoûment et générosité, peut-elle l'être avec plus de désintéressement et d'abnégation que chez les ouvriers. Le dévoûment et la sympathie qu'ils éprouvent les uns pour les autres sont sans ostentation et sans calcul ; ces sentiments proviennent en eux d'une source pure, car ils prennent naissance dans le cœur et ne subissent que l'empire d'un sentiment simple et vrai.

Que j'aime à me rappeler ces agréables souvenirs qui sont toujours présents à ma pensée et à ma mémoire! Et quand plus tard, sous l'habit du modeste ouvrier, je voyageais de ville en ville, livré à toutes les chances du hasard, brisé par la fatigue, et souvent, manquant du plus strict nécessaire, j'arrivais dans des lieux qui m'étaient inconnus, je trouvais la bienfaisance toujours prête et des bras fraternels toujours ouverts.

Des hommes que je n'avais jamais vus m'accueillaient avec cordialité, avec cette expansion qui embrase du même feu toutes les ames et fait des hommes les plus étrangers comme un peuple de frères et d'amis.

Grace au dévoûment de mes généreux camarades, je payai mes dettes et quittai Paris.

Je pris la route de Normandie. Je visitai quelques-unes de ces grandes villes et j'arrivai bientôt à Cherbourg.

CHAPITRE III.

Cherbourg. — Maladie. — Entrée à l'hôpital. — Les sœurs de Charité, les médecins.

Je travaillais depuis six mois à Cherbourg, lorsque je fus pris d'une indisposition subite. La fatigue, et peut-être aussi le changement d'air et d'habitudes en furent la cause. Je me vis réduit à garder le lit pendant huit jours; mais le mal redoublant d'intensité, je fus transporté à l'hôpital.

Ma maladie fut grave, et je ne saurais dire les pensées qui se succédèrent en moi dans cette pénible situation.

Eloigné de ma famille et de mon pays, je me voyais malade et privé des soins affectueux d'une mère. C'était la première fois que je ressentais l'amertume de l'absence, et mon cœur se reportait avec émotion aux souvenirs de tendresse dont j'avais toujours été l'objet. Pourtant je dois dire que jamais je n'oublierai les soins affectueux qui m'ont été donnés par ces vénérables sœurs de charité, qui font le service des hôpitaux, et par ces médecins dévoués qui viennent y donner aux pauvres les soins les plus désintéressés. Que serais-je devenu, sans appui, éloigné du sol natal, si je n'eusse trouvé ce dévoûment et cette providentielle bonté, dont j'ai été l'objet pendant les trois mois que je restai à l'hôpital, sous l'impression des scènes déchirantes dont j'eus la douleur d'être témoin.

Trois personnes moururent à mes côtés. L'une d'elles, placée à la gauche de mon lit, me tendit la main et me dit ces paroles : « Adieu, mon jeune voisin, je sens que je vais mourir, privé du bonheur de dire un dernier adieu à ma femme et à mes chers enfants ! »

Puis, se retournant de l'autre côté, comme pour m'éviter le triste spectacle de sa fin, l'infortuné rendit paisiblement le dernier soupir, heureux sans doute d'avoir, par ces quelques mots, épanché dans mon jeune cœur les chagrins qui attristaient pour lui le moment suprême.

Un autre, auquel on avait fait l'amputation d'une jambe, dans une salle voisine, reçut également les soins les plus empressés de la part des pieuses femmes qui l'assistaient.

Elles ne le quittaient pas même la nuit, et elles lui donnaient elles-mêmes les médicaments dont il avait besoin. Tout en l'exhortant à la patience, leur prévoyance attentive allait jusqu'à prévenir le moindre mouvement qu'on eût imprimé à son lit.

Ce malheureux, sentant sa fin approcher, réclama les secours de la religion ; les bonnes sœurs alors s'empressèrent de prévenir l'aumônier, qui vint immédiatement.

La religion, qui préside à notre entrée dans le monde,

nous assiste encore quand notre heure est venue d'en sortir. Cette solennité imposante, par laquelle nous nous disposons à ce dernier adieu fait à la terre, est généralement entourée partout d'une sombre tristesse; mais dans les salles des hôpitaux, elle offre encore un caractère plus grave et inspire à tous les assistants un recueillement bien plus profond. Les paroles du prêtre y sont écoutées avec une grande vénération et chacun des malheureux malades qui les entend peut se dire en frémissant : *Demain, peut-être, à moi la prière et l'eau sainte!*

Ah! que ces angoisses sont terribles et accablantes pour un pauvre ouvrier, qui, éloigné de son pays, se voit mourir sous un autre ciel que celui qui éclaira sa jeunesse! Les souvenirs si doux de son enfance se présentent à sa pensée; mais il voit s'évanouir l'espoir qu'il nourrissait dans son cœur de rentrer dans ses foyers, plus habile et plus capable de donner à son pays et à la société ce qu'elle doit attendre de lui, en moralité et en travail. Alors ils font revivre dans son cœur toutes les affections qu'il a laissées sous le toit paternel; il songe à sa pauvre mère, dont il faisait l'orgueil et la joie; à ses jeunes frères et sœurs qui l'avaient accompagné au jour du départ, pour le voir encore quelques instants de plus, et qui lui avait dit adieu avec tant de larmes!

Malgré sa faiblesse extrême, soulevant sa tête endolorie, les mains jointes sur la poitrine, il supplie le médecin de le guérir, car il sent le besoin de vivre encore pour soulager son vieux père, affaissé sous le poids du travail; pour élever ses frères et sœurs qui ont tant besoin de lui!....

Heureux, au contraire, l'ouvrier dont le travail n'a pas altéré la santé! il vit dans une indépendance presque absolue; il est riche, en recueillant le fruit de son labeur, quand il sait modérer ses passions et calculer ses dépenses, en n'escomptant pas l'ouvrage du lendemain. Alors, si quelque maladie vient à le surprendre, il trouve encore quelques ressources dans ses économies Mais en cas de chômage, quel qu'il soit, s'il absorbe chaque jour le gain de sa journée, où trouvera-t-il un asile et des soins? Où réclamera-t-il les secours de l'art, si par malheur il lui arrive un de ces accidents auxquels il est exposé à toute heure? Qu'il fasse une chute, il sera immédiatement entouré d'une foule de curieux, parmi lesquels il s'en trouvera sans doute qui lui apporteront les premiers soins; d'autres se borneront à plaindre sa souffrance; mais aucun ne lui offrira sa maison ni son lit. C'est à l'hôpital qu'il devra se réfugier; c'est dans ce pieux asile, que pour lui le ciel tient en réserve les soulagements et les consolations; c'est là que la charité va lui offrir ses secours et que la science, soutenue par l'amour de l'humanité, va lui prodiguer ses soins les plus attentifs.

Les ouvriers, entre eux, ne manquent jamais à ce que leur impose cette confiance; aussi s'empressent-ils, en cas d'accident ou de maladie, de transporter leurs camarades à la maison paternelle des pauvres. Là, le malade est changé de vêtements avec toutes les précautions que son état exige; là, pas un besoin qui ne soit prévu, pas un soulagement qui qui ne soit apporté, et la souffrance est assurée d'y trouver toutes les attentions, tout l'intérêt et les encouragements délicats qu'elle peut désirer pour adoucir l'amertume des douleurs et faire attendre la guérison ou le terme de la maladie avec espérance et résignation.

Qu'il me soit donc permis, avant d'aller plus loin, de rendre ici témoignage aux dévoûments de toute nature que l'on rencontre dans ces lieux consacrés au malheur. Les médecins d'abord, dont la science est si chère pour le riche, y viennent sans cesse la mettre gratuitement au service du pauvre.

Malgré les traits plaisants lancés de tous temps dans le monde contre eux, les services que rendent les médecins à la société n'en sont pas moins incontestables. Pendant douze années de ma vie d'ouvrier, j'ai été à même de les apprécier plus que bien des personnes.

Que de fois je les ai vus venir jusqu'à deux et trois fois par jour dans nos tristes logements, malgré la répugnance qu'ils pouvaient en éprouver, et donner leurs soins à de pauvres ouvriers, persuadés d'avance qu'ils n'en recevraient jamais aucun honoraire! Malgré même les visites régulières qu'ils faisaient pendant le cours de la maladie, s'il survenait une crise de nature à réclamer d'eux des secours plus pressants, on les trouvait toujours prompts à accourir, la nuit comme le jour auprès du malade pour lequel quelquefois ils semblaient avoir épuisé les ressources de leur science

Que de scènes de douleur et de désespoir se sont déroulées sous les yeux du médecin!

Et il était là, comme impassible, quoique profondément ému, cherchant à découvrir le secret de la nature, méditant avec calme et silence sur cette lutte saisissante entre la vie et la mort!

Et lorsque sa science et son dévoûment avaient su triompher d'un mal terrible, souvent il ouvrait sa bourse au malheureux dont il était ainsi deux fois le sauveur!....

Quel dévoûment et quelle charité que celle de ces hommes honorables! Quels services rendus à la société, aux familles! Que de fois ils ont conservé un fils à sa mère, un père à ses enfants, un ami aux affections les plus chères!

C'est une tâche noble et belle assurément que celle de ces bienfaiteurs de l'humanité, et nulle récompense ne semble digne, à nos yeux, de les en payer!...

Toutefois, il est auprès d'eux un dévoûment d'une autre sorte, que j'éprouve le besoin de louer plus encore, parce qu'il n'a pour lui ni l'éclat, ni le succès du monde, et que, plus pénible encore, s'il est possible, il n'a, dans sa modestie et son obscurité, rien à attendre de la reconnaissance des hommes. —Je veux parler du dévoûment des sœurs de charité.

Ah! jamais la fraternité pourra-t-elle être pratiquée sur la terre avec plus d'abnégation de soi-même, plus d'amour et de générosité? Ici la foi chrétienne fait de l'humanité souffrante, une société de frères; c'est la seule morale évangélique mise en action, et chaque fois que ce souvenir se présente à ma pensée, il pénètre jusqu'à mon cœur.

Il faut avoir été témoin du zèle que les sœurs de charité apportent à soigner les malades, pour se faire une idée de leur angélique abnégation. Le jour et la nuit, elles sont debout, à toute heure; sans cesse au chevet du moribond, elles le soutiennent, l'encouragent, prient Dieu de le rendre à la vie, et versent dans son cœur une espérance qui le soulage et fait plus, quelquefois, que les secours de la science

Et surtout, lorsque quelque grande calamité vient affliger une contrée, aussitôt elles y accourent, si lointaine qu'elle soit.

Elles semblent se plaire à braver le danger; elles s'exposent à la mort avec une héroïque et admirable résignation, ne perdent jamais ce calme religieux et suprême dans les épreuves les plus cruelles, au milieu des contagions les plus redoutables. La peste, la fièvre jaune, le choléra leur ont fourni l'occasion des plus sublimes dévoûments; et tandis que des populations entières abandonnaient leurs foyers pour se soustraire à la contagion, ces femmes admirables restaient près des malades, donnant à tous leurs soins empressés, sans distinction de rang, d'âge ou de richesse. Rien ne fatiguait leur charité et n'ébranlait leur courage. Calmes devant le danger, elles étaient sans cesse au milieu des mourants, dont le souffle était un poison pour qui les approchait; et, par un bonheur providentiel, bien souvent ces fléaux terribles, qui semblaient ne rien épargner, ont respecté ces anges de la terre, qui venaient, au milieu de tant de visages livides et décomposés, laver leurs fronts sereins et porter leurs sourires consolateurs.

Ah! bénies soient mille fois ces pieuses et charitables femmes, qui font ainsi le sacrifice de leur existence, de leurs affections, de leur fortune même et de leur bonheur, pour se dévouer au soulagement des souffrances humaines et devenir ainsi la Providence des malheureux !

Nous demandons pourquoi l'on n'a pas établi une distinction de mérite entre les différents ordres religieux des femmes. Nous savons qu'ils ont tous pour base et pour principe la charité chrétienne; mais pourquoi n'ont-ils pas tous la même mission d'exercer cette charité divine et de répandre ses bienfaits sur les malheureux. C'est là surtout ce qui place dans le monde à un si haut degré d'estime et de vénération l'institution sainte des sœurs hospitalières, qui, à quelque congrégation qu'elles appartiennent, accomplissent leurs devoirs sublimes avec les mêmes soins et la même sollicitude pour tous ceux qui souffrent et sont malheureux.

D'ailleurs, je n'ai point encore énuméré tous les services que leur dévoûment rend à la société. Il ne se borne pas aux soins à donner aux malades, il s'étend encore à ceux que réclament les enfants du pauvre. Avec quel zèle et quelle prudence elles président à l'instruction de ces petits infortunés, dont elles se font les mères adoptives. Elles déposent dans ces jeunes cœurs les premières semences de vertu, elles en favorisent le développement par une culture morale et intellectuelle; de bonne heure elles leur font connaître la triste inégalité des conditions de la vie, et leur donnent une éducation en harmonie avec la position qu'ils doivent un jour occuper dans le monde. Elles les habituent à se contenter sans murmure du sort que la Providence leur a départi ; elles dirigent aussi leurs pensées vers l'économie et la soumission; elles les pénètrent de l'attachement qu'ils doivent à leurs parents et à leurs bienfaiteurs, et leur font, par leur exemple, honorer la religion dont elles s'inspirent d'une manière si touchante.

Et ces pauvres filles que l'amour a trompées et que la société rejette, parce qu'elles n'ont pu joindre le titre d'épouses à leur qualité de mères, combien elles trouvent de compassion et de tendresse auprès de ces femmes célestes qui comprennent toutes les misères d'un monde auquel elles ont renoncé. Elles encouragent ces infortunées dans leurs souffrances maternelles, elles relèvent par leurs consolations ces cœurs abattus et pliés sous la honte, en leur inspirant le sentiment du repentir et l'espoir du pardon.

Généreux et magnifique dévoûment de ces ames d'élite, dont le monde ne peut payer la vertu, et dont la récompense est au ciel!

Si le témoignage que leur rend ici un obscur ouvrier peut avoir quelque prix à leurs yeux et marquer pour elles combien est profonde la reconnaissance qu'elles inspirent à la classe laborieuse, je m'estimerai trop heureux.

Ce n'est point un éloge que j'ai voulu écrire, c'est un juste tribut de gratitude et d'admiration que j'ai éprouvé le besoin de leur offrir.

CHAPITRE IV.

Convalescence. — L'aumônier. — Sages conseils. — Sortie de l'hospice.

Il s'était écoulé trois mois depuis mon entrée à l'hôpital; le mal avait cédé et ma convalescence était fort avancée. Je demandai au médecin l'autorisation de sortir; il me l'accorda et m'invita à quitter le pays, ajoutant que le changement d'air achèverait de me rendre à la santé.

Je quittai donc l'habit de malade, qui se composait d'une grande capote bleue, d'un serre-tête de toile et d'une chemise numérotée, et je revêtis mes effets qui me furent remis en échange.

J'aurais manqué à mon premier devoir, si j'eusse négligé de remercier les respectables personnes qui avaient daigné me témoigner de l'intérêt. Je rendis donc visite à l'aumônier de l'hospice, qui, à l'exemple des sœurs, avait été pour moi plein de bienveillance et de bonté. C'était un vénérable prêtre de soixante douze ans ; il jouissait d'une santé parfaite, sa tête chauve, mais entourée d'une auréole de cheveux blancs, donnait à sa figure une expression de digne bonté et d'une aménité complète.

Depuis bien des années qu'il exerçait les fonctions d'aumônier à l'hôpital, ce digne ministre avait étudié avec soin et précision les besoins de la classe avec laquelle il était journellement en rapport ; il s'était identifié avec ses goûts et ses mœurs ; il avait compris qu'il ne devait lui présenter que les considérations les plus simples de la morale évangélique. Cette morale sublime arrive droit à l'ame ; elle est le lien des cœurs et des intelligences ; elle n'excite aucune défiance dans l'esprit de ces hommes rudes et peu cultivés que le manque d'instruction rend naturellement ombrageux. Que l'on y réfléchisse bien et l'on verra que plus le précepte sera simple, et plus il sera facilement compris et accepté par l'homme des classes inférieures aux yeux de qui la lumière a besoin de luire avec éclat pour le bien convaincre.

Si jusqu'à ce jour le peuple a échappé au mal contagieux de l'égoïsme et de l'ambition, s'il a conservé ces croyances traditionnelles, ce respect pour les choses saintes, et cette foi dans la justice de Dieu qui le soutiennent dans les misères de cette vie, c'est qu'il a gardé souvenir des préceptes sommaires de l'Évangile, préceptes les plus simples et les plus clairs qui jamais aient éclairé l'humanité. Il faut en conclure que la morale évangélique est encore la loi qui est le plus à la portée des convictions du peuple ; c'est encore le meilleur Code social qui puisse régler pour l'homme ses devoirs envers la patrie et la famille. Si cette loi n'eût jamais été détournée de son véritable but, l'Évangile eut continué d'éclairer plus complètement et de mieux diriger l'humanité dans la voie où le Christ l'avait placée pour le bonheur de tous.

Dans une société fondée sur l'ordre et l'union et sur le respect des droits acquis, chaque classe a de graves devoirs.

Ceux du clergé, qui est le gardien de la loi religieuse, ne sont ni les moins utiles ni les moins honorables à remplir…

Nul prêtre au reste ne les accomplissait avec plus de zèle que le respectable aumônier dont j'ai déjà parlé.

Tous les jours il visitait les malades de l'hospice, et quand le devoir l'exigeait, il se rendait auprès d'eux, même la nuit, pour leur porter les consolations de la religion.

Lorsqu'il assistait un mourant, il lui tendait une main compatissante, il le consolait avec affection, il calmait ses inquiétudes et il l'exhortait à mourir sans regret, mais avec confiance et résignation.

Souvent il arrive que dans ce moment suprême, qui montre à l'homme le terme de la vie, les larmes du repentir viennent mouiller ses paupières; alors le bon pasteur s'efforçait avec sa bonté naturelle de rassurer le pénitent sur le pardon de ses fautes. Sa parole évangélique était d'une expression simple et touchante, et il répétait souvent avec effusion, que le Père commun est juste et bon et qu'il juge les hommes d'après leur cœur et qu'il les récompense selon leurs œuvres. Cette morale, prêchée avec douceur et conviction, ne pouvait manquer de produire chez l'homme même le plus endurci, une profonde impression et de rendre à son cœur une confiance douce et salutaire.

Le vénérable prêtre passait souvent dans les cours destinées à la promenade des convalescents; il se plaisait à les interroger afin de trouver encore l'occasion de leur être utile; ses questions avaient un entraînement naturel, en même temps que sa figure et son sourire lui gagnaient les cœurs; il commençait par interroger sur le sujet qui intéresse le plus les hommes; le pays natal, puis la profession, le genre de vie que l'on avait mené dans les voyages. Alors, s'il en rencontrait qui s'étaient écartés du sentier du devoir, par faiblesse, par ignorance ou par le ridicule préjugé de l'orgueil et de l'amour-propre, ou qui s'étaient abandonnés au libertinage, et à ces scandaleuses orgies qui dégradent l'homme dans quelque condition qu'il se trouve placé, alors il se livrait à des considérations si belles, si simples et si entrainantes, que nul ne pouvait résister à sa voix. Chacun sentait qu'en suivant ces sages principes, il deviendrait plus conforme à la loi de Dieu et plus utile à la société des travailleurs, ainsi qu'à sa propre famille. S'il arrivait quelque fois que l'on eût une observation à lui faire, il l'écoutait volontiers et y répondait avec une touchante affabilité.

Aussi était-il entouré par tous d'une profonde vénération; tous écoutaient avec recueillement ses paroles, les ouvriers surtout, lorsqu'il se plaisait à leur rappeler que les travailleurs sont les élus de Dieu; que l'honnête ouvrier qui gagne péniblement le pain dont il nourrit sa famille, ennoblit sa misère et grandit aux yeux de tous. Il aimait à leur rappeler encore que Jésus voulant naître d'une mère pauvre, et que Joseph ne vivait que du produit de son travail ; que le Fils de Dieu avait lui-même travaillé comme simple ouvrier; qu'il dédaignait les mauvais riches, qu'il aimait les pauvres et vivait constamment avec eux, prenant part à leurs privations et à leurs souffrances; et qu'enfin les hommes, qu'il avait choisis pour en faire ses apôtres et les envoyer prêcher sa doctrine, étaient de simples artisans qui gagnaient aussi leur vie à la sueur de leur front.

Quelques fois sa mémoire lui fournissait des traits intéressants, qu'il empruntait autant que possible à la vie ouvrière. Alors il faisait ressortir avec habileté les avantages de l'esprit d'ordre et d'économie, de modération et de fraternité; et à ces précieuses vertus, il opposait les inconvénients et les malheurs qu'enfantent ordinairement l'oisiveté et le désordre des passions. Enfin il terminait toujours par cette grande maxime que les hommes ne devraient jamais oublier de faire à autrui ce qu'ils voudraient qu'on leur fît à eux-mêmes.

J'ai encore présents à ma pensée les derniers conseils de ce digne prêtre, dans le moment où recevant nos adieux, il me traçait avec bonté le plan de conduite que j'avais à suivre pour ne pas m'écarter du sentier de l'honneur.

— Je crains, me disait-il, mon enfant, que votre extrême jeunesse et votre inexpérience des dangers de ce monde, ne vous fassent oublier vos devoirs. Eh! bien, je vous autorise à m'écrire quelques fois et je vous donne l'assurance que mes conseils ne se feront jamais attendre. Mais d'avance, voici mes recommandations avant de vous quitter : Soyez laborieux et zélé dans votre état et vous y prospérerez en acquérant chaque jour les connaissances qui vous sont nécessaires.

Soyez économe, et surtout sobre et réservé, afin de jouir d'une bonne santé; n'oubliez pas que toutes les choses qui flattent dans ce monde ne s'achètent qu'au prix de la peine et du travail.

Ces paroles me firent une vive impression; je le remerciai et le quittai avec la ferme résolution de suivre les sages conseils de ce respectable vieillard.

CHAPITRE V.

Départ de Cherbourg. — Nouveau voyage. — Rennes. — Les mendiants de profession. — Une scène caractéristique.

En quittant Cherbourg, je traversai une partie de la Normandie, et pénétrant au cœur de la Bretagne, je me rendis à Rennes.

L'ouvrier en voyage ne recherche point les hôtels somptueux; il choisit de préférence les petites auberges où il peut être logé et nourri pour 75 à 90 centimes par jour. Ce fut donc dans un de ces modestes gîtes que je me rendis à Rennes. Pendant les six mois que je travaillai dans cette ville, j'eus l'occasion et le temps de faire bien des observations chez mes hôtes. Ils ne logeaient habituellement que des joueurs d'orgues, des chanteurs, des baladins de tout genre, même des mendiants.

Il peut se rencontrer dans ces diverses professions des gens .... probes; mais, il faut en convenir, ils en font le plus petit nombre.

Les habitués de mon auberge me mirent à même de connaître toutes les roueries de ces voyageurs nomades, qui ont pour métier d'exploiter la crédulité. Je remarquais surtout ces mendiants de profession qui parcourent la France, accompagnés d'une femme qui n'est point la leur, et simulant des infirmités qu'ils n'ont pas; les uns paraissant aveugles, les autres boiteux, et chantant des airs plaintifs afin d'inspirer la pitié ; et pendant ce temps, la femme chargée de recueillir les aumônes, va de porte en porte, tenant un enfant à chaque main, et quelquefois même un troisième sur les épaules, et réclamant la charité publique.

Nous pouvons le dire ici, quand les aumônes ont été arrachées à la pitié, ces vils mendiants les font tourner à la risée de ceux qui les ont assistés; car, à peine arrivés à leurs logements, ils s'occupent à compter leurs recettes qui s'élèvent souvent de dix à quinze francs par jour, qui sont dépensés presque aussitôt dans l'ivresse et les scènes les plus ignobles. C'est du moins là ce dont j'ai été témoin.

Afin de paraître plus misérables, ces êtres dépravés ont soin de vendre les vêtements que souvent on leur donne par charité, préférant se couvrir de haillons dégoûtants afin d'inspirer une plus grande pitié.

Sous ces dehors hypocrites, dont ils abritent leurs vices et leurs honteuses passions, ils dérobent ainsi au malheur vraiment digne d'être secouru, les dons de la bienfaisance et les soulagements de la charité.

Ce qu'on croirait difficilement et ce dont j'aurais douté moi-même, si je n'en eusse été témoin, c'est que ces pauvres de profession portent la démoralisation au point que s'ils rencontrent un enfant estropié, difforme ou disgracié de la nature, ils le louent à ses parents, et il s'en trouve d'assez infâmes pour se prêter à leurs ignobles trafics, et plus la nature a été ingrate envers ce petit malheureux qu'ils convoitent, plus ils se montrent généreux afin d'être plus à même d'inspirer la compassion par le spectacle hideux de ces difformités, qu'ils se plaisent à étaler sur la voie publique comme un objet de curiosité ou un moyen de spéculation.

En présence des monstrueux abus que l'on fait ainsi de la première vertu sociale, je veux dire de la charité, il faut craindre souvent qu'elle ne s'égare, et chercher les moyens d'en assurer les effets. Rien de plus louable assurément que la volonté de secourir les indigents, que la vieillesse accable, ou que la fatigue du travail a épuisés, et qui réclament dans leur misère le pain nécessaire pour les quelques années qu'ils ont encore à vivre. Ceux-là, sans doute, ont droit à la pitié, de même que les pauvres honteux, dont la main tremblante n'est point exercée à la mendicité et qui souvent ne sont dans l'indigence que pour avoir aidé et nourri de vieux parents, ou élevé une nombreuse famille.

Voilà ceux qui méritent, sans aucune restriction, la sollicitude des hommes charitables. C'est dans ces pauvres familles que le pain est accueilli avec reconnaissance, parce qu'il est un don que Dieu approuve et qui porte son fruit, et que la main qui donne n'est point trompée par celle qui reçoit.

Beaucoup de villes ont réussi déjà à se prémunir contre les fourberies de la mendicité. Il serait à désirer que cet exemple fût suivi partout. La question a été l'objet d'études sérieuses; des dépôts destinés aux indigents ont été créés, et des mesures générales ont été sollicitées d'une manière pressante. Le gouvernement actuel sera-t-il favorable à la solution de cette question importante?

Elle est, selon nous, de la plus haute moralité; car la mendicité dégrade l'ame, réduit à l'inaction et au dégoût du travail, développe tous les mauvais instincts; et par elle souvent le jeune mendiant est conduit du vagabondage au vol, et même à des crimes plus hideux encore.

La scène suivante me paraît de nature à démontrer la vérité de ces réflexions.

Pendant mon séjour à Rennes, la veille d'une foire ou d'une assemblée, je crus vraiment que tous les baladins et les mendiants de la Bretagne s'étaient donné rendez-vous dans l'auberge où je logeais. La maison en fut encombrée du rez-de-chaussée jusqu'aux mansardes. Mes hôtes, dans la circonstance pressante qui se présentait, se trouvèrent dans l'obligation d'étendre des matelas et des paillasses par terre; mais ces lits improvisés ne suffisant pas encore, on eut recours à un grenier dont les murailles et la toiture étaient ouvertes à tous les vents. C'est là qu'on plaça, pêle-mêle, sur de la paille, les derniers arrivés de ces malheureux. Lorsque je rentrai de mon travail, je trouvai à peine une place pour souper; et la maîtresse de la maison me dit d'un air suppliant : « Vous allez être bien mal ce soir pour coucher; l'encombrement nous a forcés de disposer d'une partie de votre lit et de mettre dans votre chambre quelques personnes; mais occasion n'est pas coutume et une nuit est bientôt passée. »

Il me fallut donc, bon gré malgré, me résigner à la nécessité qui m'était imposée. Je me rendis promptement à mon lit dans la crainte que l'on ne vînt l'occuper en entier. J'eus beaucoup de peine à y arriver, tant l'encombrement était déjà grand sur mon passage; je comptai jusqu'à quatre personnes dans le même lit ou sur le même matelas. Il faisait une chaleur étouffante dans ma chambre, où l'air ne pénétrait que par une petite croisée, dont le vitrage était en plomb, et d'une autre part on y était dévoré par les punaises. Aussi je pris le parti d'aller me coucher dans le grenier à foin, pensant pouvoir y trouver un peu de sommeil. J'y montai silencieusement, avant que personne n'y fût encore arrivé, et j'eus le choix de l'endroit qui me convenait le mieux.

Il y avait une heure à peine que je m'étais abandonné au sommeil, quand je fus éveillé par un épouvantable bruit.

Blotti dans un coin d'où je pouvais tout voir et tout entendre, sans être aperçu, je gardai le silence et me mis à observer ce qui allait se passer. Le tableau qui s'offrit alors à ma vue pouvait être considéré comme une de ces charges dignes du pinceau de Calot ou de Carle Vernet : trente ou quarante individus des deux sexes, la tête échauffée par de nombreuses libations, les uns boiteux ou aveugles, les autres manchots et difformes, parmi eux quelques vieillards à la barbe blanche se précipitèrent dans l'écurie et se disposèrent à escalader à la fois l'échelle qui conduisait au grenier. C'était là le gîte qui leur avait été assigné. A ce moment éclata le plus affreux désordre, j'entendis des querelles et des imprécations de toute nature ; chacun disputait le passage et quand il en arrivait quelqu'un au dernier barreau de l'échelle il renversait ceux qui les suivaient, ce qui provoquait ou des rires immodérés ou des rixes acharnées. Enfin, lorsque cette troupe avinée eût envahi les greniers, la scène changea, chacun parla de son métier, des moyens à imaginer pour recommencer à abuser de la crédulité publique ; l'un étudiait ses poses, son costume, son langage. Le borgne de la veille devait faire le boiteux, le lendemain, et chaque distribution de rôle provoquait les plus ignobles réflexions. Un de ces marchands de croix et de bagues de Saint-Hubert sur le compte duquel je devais pressentir le moins d'horreurs, à cause du genre de spéculation qu'il faisait, montra encore d'une manière plus éhontée la perversité de son cœur ; il débitait aux autres mille sarcasmes plus absurdes les uns que les autres, et faisait de la passion du Christ une scène grotesque et impudique. C'était là l'homme qui le lendemain, devait aller à la porte de l'église chanter des complaintes avec son aigre violon et d'une voix hypocrite raconter les miracles de Saint-Hubert et vendre des médailles à l'effigie de ce saint, pour préserver des maladies, de la foudre et des sorciers.

A l'idée de semblables dépravations, on ne peut se défendre du dégoût qu'inspirent ces créatures immondes et impures qui se produisent sur les places publiques, dans les quartiers populeux des villes et dans les campagnes. Comment les législateurs n'ont-ils jamais pensé à proscrire de semblables démonstrations de la part de ces misérables, qui spéculent si audacieusement sur la bonne foi et la crédulité du peuple ; car il n'est pas de foires ou d'assemblées où ne se trouvent ces vendeurs d'amulettes, d'images et de médailles dont ils font métier et marchandises. La scène que je viens de raconter m'avait déterminé à quitter Rennes, je passai par Nantes où je travaillai quelque temps et me rendis ensuite à La Rochelle.

CHAPITRE VI.

La Rochelle. — Rixe. — La prison. — Réforme pénitentiaire.

Un soir, accompagné de quelques amis, je me rendais à mon domicile, quand nous fûmes attaqués par quelques ouvriers dont l'état était différent du nôtre; une lutte s'engagea, on se battait à outrance, à l'aide de bâtons et de pierres. Des cris à la garde se firent entendre et l'alarme, ainsi répandue dans le quartier, ne tarda pas à attirer la gendarmerie sur les lieux, qui furent cernés de toute part, nous fûmes arrêtés et conduits au corps de garde où nous passâmes la nuit. Le lendemain nous fûmes interrogés par un officier de police qui donna l'ordre de nous conduire en prison. En y arrivant, un gendarme frappa à la porte, un petit guichet s'ouvrit à l'instant, nous entrevimes une tête pâle et livide avec de grands yeux noirs et coiffée d'un bonnet de laine d'une couleur sombre. — Que demandez-vous? dit une voix brusque et dure; et à la réponse d'un gendarme la porte s'ouvrit. Un guichetier se munit d'un énorme trousseau de clés, et après nous avoir fouillés très minutieusement, il nous conduisit dans le lieu qui nous était destiné et où nous devions coucher. A peine mes pieds avaient-ils touché le seuil de la porte, que j'éprouvai une sensation pénible et que j'aurais de la peine à exprimer; je n'avais jamais vu de prison se refermer sur moi, et je restai muet et glacé d'effroi à l'aspect de ce long corridor qui ne recevait de lumière que par d'étroites coupures pratiquées dans le mur à dix mètres du sol et qu'on avait eu la précaution de griller avec soin. Par terre et le long de la muraille était étendue une légère couche de paille infecte qui rendait l'air chaud et presque asphyxiant. Mes camarades sortirent un instant dans la cour et alors je profitai de cette occasion pour demander au porte-clés s'il ne serait pas possible d'obtenir un lit; il me répondit qu'ils étaient tous occupés et qu'il fallait me résigner à coucher dans le lieu qui m'était indiqué.

La première nuit que je passai dans cette sombre demeure fut pour moi terrible et pleine d'épouvante, une foule d'idées plus sinistres les unes que les autres vinrent assaillir mon imagination; si j'essayais à dormir, d'énormes rats et des souris me passaient sur le visage et pour achever de rendre ma position plus insupportable, des myriades de vermines et de puces semblaient s'être emparées de moi; j'aurais voulu, à l'aide du sommeil, dissiper les chimères qu'enfantait mon imagination inquiète, mais mes efforts étaient inutiles. J'éprouvai un sentiment d'horreur en entendant les cyniques entretiens de plusieurs prisonniers; mon ame tressaillit et s'affecta profondément.. J'étais né pauvre, mais honnête, et n'avais jamais été familiarisé avec le langage de la geôle et du bagne.

J'étais donc confondu avec tout ce que le crime enfante de plus abject et de plus repoussant. Ma plume se refuse à tracer ici quelques traits de ces hideuses conversations auxquelles prirent part des jeunes détenus à peine âgés de seize ans; ce que je puis dire, c'est que ce moment fut un des plus affreux pour moi, et de ma vie je ne l'oublierai.

Aussitôt que le jour pénétra dans ma prison, je me levai du lit infect sur lequel je m'étais jeté. Bientôt la porte roulant sur les deux gonds nous fut ouverte. Les prisonniers sortirent brusquement et je dirigeai tristement mes pas vers l'endroit le plus solitaire du préau. Là, abandonné aux plus amères réflexions, je me demandais avec mon simple bon sens de jeune homme, pourquoi on confondait de jeunes ouvriers, des hommes estimables avec des scélérats consommés, des libertins hideux; car enfin qu'avais-je fait? Quel était mon crime? La querelle, la rixe qui était survenue eût-elle dû mériter autre chose qu'une réprimande ou mieux de sages conseils et de judicieuses exhortations? Je sais fort bien qu'à moins d'erreurs de la part des tribunaux, erreurs heureusement assez rares, mais toujours déplorables, tous ceux qui peuplent les prisons sont plus ou moins coupables; mais tous n'ont pas atteint le même degré de corruption, il en est qui, coupables à la vérité, sont sincèrement repentants et dont le cœur n'a pas fait pacte avec le mal; le repentir, ce retour au bien, n'est-il pas une garantie déjà contre les entraînements de la perversité. Cependant ces hommes sont mêlés aux plus odieux criminels, à ces êtres dépravés qui ont passé la plus grande partie de leur vie dans les prisons et qui sont une lèpre pour les jeunes détenus.

Pendant les six jours que dura ma détention, j'ai remarqué qu'il existait une classe d'individus que je nommerai l'aristocratie prisonnière qui jouit de quelques prérogatives dans les prisons comme sous le ciel libre. L'homme le moins bien traité est toujours le prolétaire. Les croisées de la pistole donnaient sur la cour où nous étions ; de là nous voyions aisément les détenus riches faire leur toilette, nous les entendions chanter joyeusement, boire le vin de Champagne avec les amis qui venaient les visiter et l'on eût pu les croire dans le meilleur restaurant du monde. Est-ce là de l'égalité devant la loi ? Notre position à nous était bien différente. La plupart des détenus pauvres étaient couverts de haillons ; ils n'avaient pour chaussure que des sabots et dans ce degré d'abaissement ils pouvaient douter, ces malheureux, qu'ils fussent des hommes comme les autres ; cependant celui qui subit avec calme et résignation les conséquences de sa faute, ne doit pas être traité à l'égal de la brute.

Longtemps les maisons de détention ont été le repaire du vice et l'école du crime ; confondus sans précautions, les prévenus comme les coupables, jeunes ou vieux, novices ou consommés dans le mal, vivaient à côté les uns des autres, sous le même toit, se nourrissaient du même pain, et couchaient sur la même paille. Ah ! que de sages conseils et de bons exemples eussent été fructueux pour certains d'entre eux, combien auraient pu revenir au bien au lieu d'achever de se corrompre, car le souffle du mal est contagieux et ces êtres dépravés n'ont de plus grand plaisir que de raconter les crimes qu'ils ont commis et d'en savourer le souvenir.

Telle est l'école où le jeune homme de seize à dix-huit ans, condamné à quelques jours ou à quelques mois de prison, vient s'initier aux honteux secrets de la dégradation et du vice. Privé d'expérience, il s'habitue à la pensée du mal, son ame s'y façonne ; faute de raisonnement et d'éducation. loin de se corriger, il n'éprouve ni repentir, ni remords ; il prête l'oreille à de dangereux discours qui empoisonnent son cœur, flétrissent sa jeune ame et préparent de nouveau pour lui l'ouverture des prisons ou même des bagnes.

Le besoin de remédier au mal que nous signalons est si universellement senti, que depuis quelque temps, sur plusieurs points de la France, des hommes dévoués se sont occupés avec un zèle digne d'éloges de la réforme des prisons ; plusieurs comités de surveillance ont été formés ; des colonies agricoles ont été fondées pour les jeunes détenus qui doivent être élevés au frais de l'Etat ; que les hommes de bien qui ont préparé d'aussi précieuses et d'aussi désirable améliorations, reçoivent ici des actions de grace. Nous désirons qu'ils trouvent de nombreux imitateurs ; car les services qu'ils ont déjà rendus à la société sont inappréciables et sans bornes ; le bien seul les excite ; ils ne recherchent ni la gloire, ni les futiles récompenses, ils ne sont mus que par le sentiment généreux qui les conduit au milieu des coupables pour les ramener à la vertu. L'expérience et les nobles inspirations de leur cœur les avaient déjà convaincus que les hommes, que renferment les maisons de détention, ne peuvent pas être tous corrompus au même degré, et qu'en poursuivant avec persévérance la belle et sainte mission qu'ils se sont imposée, ils rencontreront bien des jeunes gens qui, malgré leurs défauts, ne sont pas encore pervertis et qui ne sont tombés souvent dans le mal que par la faute ou le mauvais exemple de leurs parents. En effet, souvent d'honnêtes ouvriers qu'aveugle l'ignorance ou qu'entraînent les préjugés d'un corps d'état excité contre un autre se sont portés dans une dispute à frapper leur frère et par suite doivent expier une telle faute par des mois et des années de prison ou de réclusion. Souvent aussi de jeunes étourdis poussés par je ne sais quel esprit d'insubordination, la tête échauffée par le vin, commettent des actes de violences contre l'autorité chargée de faire exécuter les lois. D'autres enfin plus malheureux encore, ont été conduits par le besoin et la misère au crime malgré eux, et comme par une force invincible.

Ces êtres que la loi punit et qu'elle n'améliore pas ! que la société flétrit et repousse comme toutes les natures malfaisantes et perverses, ne sont souvent que les victimes de la mauvaise organisation de notre société et de la sottise des préjugés; ils seraient peut-être restés vertueux, s'ils avaient eu le bonheur de naître sous une meilleur étoile et dans les conditions où l'éducation les eût mis à l'abri des fâcheux entraînements auxquels ils succombent. Si la loi a la mission rigoureuse de frapper le coupable, elle a aussi le devoir de prévenir le mal, et c'est par ce double motif qu'elle a droit à notre respect ; mais quand on veut arrêter les effets, il faut remonter aux causes; et les causes du mal et de la perversité qui règnent au sein des classes ouvrières sont dans l'ignorance, dans l'isolement, dans l'éloignement de la famille, dans l'abandon du travail et enfin dans la misère qui est la conséquence dernière de tous ces faits.

S'il existe dans le monde des instincts et des natures indomptables, alors la prison en préserve la société et arrête leurs coupables atteintes, mais elle abrite aussi des malheureux qu'il faut traiter avec pitié et miséricorde, il faut, par des relations continuelles et amicales, adoucir leurs mœurs et les amener à bien connaître ce qu'ils doivent à eux-mêmes et à leurs semblables, les initier à l'esprit d'ordre et d'économie, à l'utilité du travail, et mettre sous leurs yeux le code des lois répressives et les fatales conséquences du crime.

Combien de fois ai-je entendu de jeunes condamnés, s'écrier l'ame navrée : Ah ! si j'avais su ce qui m'était réservé?.... ce cri du regret et du repentir ne peut être entendu sans douleur; car il révèle une victime de l'ignorance, et qu'aurait-il fallu pour ramener au bien ces jeunes hommes égarés? quelques bienveillantes exhortations, quelques paroles faciles à comprendre, quelques-unes de ces vérités morales qui apprennent à discerner le mal d'avec le bien; et alors, rendus à la liberté, ils auraient senti qu'une nouvelle vie commençait pour eux et que l'honnêteté allait les rendre digne de reprendre leur place dans la société.

Il faut le dire, de tous les établissements publics institués pour la moralisation, ce sont les prisons qui sont restées le plus en arrière des améliorations que le siècle présent a vu naître ; ce retard provient sans doute de ce que peu de personnes visitent ces malheureuses demeures et de ce que l'on s'occupe peu des détenus ; c'est la suite d'une déplorable prévention qui porte à croire que la prison n'est que le repaire du vice, au lieu d'être aussi l'asile ouvert au remords et au repentir.

Le juge d'instruction était venu dans la prison plusieurs fois pour nous interroger et recueillir de nous les détails de l'affaire qui avait provoqué notre arrestation, je m'attendais d'un jour à l'autre à subir un jugement; ce qui m'affligeait le plus, c'était l'appréhension d'être conduit de la prison sur le banc des accusés. Mes craintes furent enfin dissipées, on n'avait reconnu dans cette affaire aucune préméditation, les deux partis étaient aussi coupables l'un que l'autre; il devait suffire de quelques jours de prison préventive pour nous corriger. En effet, au bout de six jours, on vint nous annoncer que nous allions être libres et qu'il fallait nous préparer à sortir. Je dis avec bonheur un dernier adieu à cette triste demeure, en éprouvant le bien-être que l'on ressent quand un agréable réveil vient détruire les cruelles illusions d'un songe douloureux. J'avais franchi la dernière porte, et je regardais encore derrière moi, le cœur serré comme si j'eusse dû craindre que l'on ne me rappelât ; il me semblait entendre le geôlier, accompagné de ses énormes chiens et muni de son trousseau de clés, me crier d'une voix rauque et menaçante. Où allez-vous? Plus je m'éloignais du sombre bâtiment, dans lequel j'avais été renfermé, plus je me trouvais à l'aise ; respirant un air pur et libre, et il n'en fallait pas d'avantage pour dissiper les chagrins que m'avaient causés six jours de captivité.

L'impression que j'avais ressentie du séjour de la prison était si profonde, qu'elle se produisit longtemps dans mes méditations; souvent je croyais voir encore la physionomie sombre et farouche du gardien de la geôle et entendre le langage rude et sévère des guichetiers; je souffrais de leur insensibilité, de leurs expressions dures et brutales; mais plus tard, la réflexion venue, je me suis aperçu que ces dispositions du cœur, ces inflexions de voix, ces contractions de visage, ces regards durs et menaçants n'étaient après tout que les effets de l'habitude et la conséquence d'un contrat journalier avec le vice et le crime.

C'est le résultat produit par une existence pénible et monotone qui se passe entre d'épaisses murailles, et condamnée à n'entendre qu'imprécations contre la société, que gémissements et que plaintes. Les geôliers compriment en eux toutes les émotions du cœur, parce qu'ils sont en proie à une défiance continuelle à l'égard des prisonniers confiés à leur garde; ils ont à craindre l'évasion, autant que la révolte; et souvent, privés de sommeil et de repos, ils vivent sans cesse sous le fardeau d'une terrible responsabilité qui pèse sur eux la nuit comme le jour.

Après ma mise en liberté, je quittai La Rochelle, je pris la route de la Saintonge, et je travaillai dans quelqus-unes de ses villes. Le temps que j'y ai passé me fournira plus tard un ample sujet de méditation.

CHAPITRE VII.

Bordeaux. — Fraternité. — Compagnonage. — Enterrement. — Une pauvre mère.

Il y avait trois mois que je travaillais à Bordeaux, lorsqu'une épidémie vint frapper un des quartiers de la ville où logent habituellement les ouvriers.

Nous en fûmes presque tous atteints, sans cependant courir de grands dangers.

Un de mes amis, le plus sobre et le plus rangé, fut atteint de coliques violentes; les souffrances qu'il éprouvait ne nous permirent pas de le transporter à l'hôpital, il fut donc soi-

4

gné et veillé par nous, dans la maison où il logeait. La fièvre le prit, et dans son délire il ne cessait de demander sa mère; il croyait la voir, l'entendre, et faisait de vains efforts pour l'embrasser. La maladie était grave. Le médecin nous donna le conseil d'écrire dans son pays, pour prévenir ses parents du malheur qui pourrait arriver si une crise ne venait pas changer le cours de sa maladie; ce soin fut pris à l'instant. Le sixième jour le malade perdit totalement connaissance, et le soir il mourut entre nos bras.

La nouvelle de la mort de Quercy (c'est ainsi qu'il se nommait, selon l'usage qui veut que l'on donne le nom de leur pays aux ouvriers qui voyagent), se répandit bientôt parmi les ouvriers travaillant à Bordeaux, desquels il était tant aimé; tous en furent vivement affligés.

Quercy était un excellent ouvrier, doux, affable, remplissant consciencieusement ses devoirs, d'une conduite exemplaire; il avait su acquérir notre estime par l'exemple et les bons conseils qu'il nous donnait; aussi les ouvriers l'avaient-ils surnommé Quercy-le-Prophète, parce que, disaient-ils tous, ce qu'il prédit nous arrive.

Il est des existences privilégiées; celle de Quercy fut de ce nombre. Sa courte carrière, si noblement remplie, ne fut jamais troublée par ces débauches ou ces passions de jeune homme, qui viennent trop souvent attrister l'esprit et le cœur. De si belles qualités étaient rehaussées par une modestie rare, un dévoûment à toute épreuve. Sa mère, devenue veuve, d'une santé faible, n'avait pour subvenir à ses besoins que le gain modique de sa journée; aussi notre jeune ami n'avait-il consenti à se séparer d'elle pour voyager en France, qu'à la condition expresse qu'elle recevrait de lui, tous les mois, le fruit de ses économies; ce qu'il observait avec la plus scrupuleuse exactitude.

Plusieurs corporations furent invitées à conduire au champ du repos, celui qui était l'objet de tous les regrets; quoique ce jour fut consacré au travail, plus de quatre cents ouvriers se trouvèrent réunis au lieu qui leur avait été indiqué ; chacun des corps d'état se plaça par rang d'ancienneté, et ils furent conduits dans cet ordre à la maison mortuaire par le *rouleur*, celui qui se charge de procurer du travail aux ouvriers et qui les conduit chez les patrons lorsqu'ils en ont besoin.

Après avoir traversé la ville, nous ne tardâmes pas à apercevoir, à la porte d'une simple demeure, un cercueil sur lequel flottaient des rubans de diverses couleurs. Une croix en cuivre, une assiette contenant de l'eau bénite et un petit rameau de buis, formaient le simple entourage de l'ouvrier que nous allions conduire à sa dernière demeure. Le chant des prêtres se fit bientôt entendre et l'on se mit en marche.

Le corps du défunt était porté par quatre ouvriers, quatre cents autres le suivaient sur deux rangs, la tête nue et le crêpe au bras; à leur tête marchait respectueusement le *rouleur*, portant une canne ornée de crêpe et de rubans noirs. En arrivant à l'église, il était facile de voir que cet enterrement était celui d'un ouvrier; les portes n'étaient point tendues de noir; le temple n'était point éclairé d'un grand nombre de cierges; un magnifique catafalque n'était point élevé au milieu de la nef; les lampes sépulcrales ne répandaient point leurs sombres lueurs; la mystérieuse lumière des vitraux se reflétait, seule, sur cet essaim de jeunes gens, par fois si emportés, si turbulents, mais alors écoutant religieusement les chants lugubres qui retentissaient sous les voûtes et dont l'écho venait se perdre au fond de leur cœur.

Cette cérémonie religieuse, quoique simple, avait à nos yeux une imposante gravité.

Le cortége se remit en marche; l'attitude pleine de tristesse et profondément respectueuse de la foule qui, chemin faisant, avait grossi le cortége et encombrait jusqu'aux abords du cimetière, proclamait à haute voix les nobles qualités du défunt. Ces tributs d'éloges, ces humbles ovations populaires, sont des oraisons funèbres que l'on ne se procure pas avec de l'or.

Les portes du cimetière s'ouvrirent et nous ne tardâmes pas à fouler aux pieds cette herbe longue, dont les corps humains alimentent si vigoureusement la végétation ; ce champ de la mort où viennent se briser toutes les espérances, où les titres et les dignités disparaissent, où les riches et les pauvres viennent se coucher les uns à côté des autres. Juste satisfaction accordée à celui dont la vie, sur cette terre, n'est que déceptions, fatigues et misères.

La cérémonie religieuse terminée, nous commençâmes la nôtre; deux ouvriers qui avaient été désignés par nous descendirent dans la tombe, ouvrirent le cercueil, et le corps inanimé du défunt se présenta à notre vue. Après que nous eûmes constaté son identité. (Cet usage, très ancien chez les ouvriers, a pour but de s'assurer si le corps du défunt n'a point été changé et remplacé par un autre, comme cela se fait souvent dans les hôpitaux). Le cercueil fut recouvert soigneusement, une couche de chaux vive fut étendue dessus. A un signal donné tous les ouvriers se rangèrent du côté gauche, un ouvrier désigné sous le nom de *premier en ville*, honneur qui n'est accordé qu'au mérite et à l'ancienneté, se plaça sur le bord de la tombe, prit une pelle qu'il chargea de terre et la présenta à l'un de ses camarades, qui la reçut de ses mains, puis se croisant mutuellement la jambe droite, le corps penché, la tête presque appuyée sur les épaules de l'un et de l'autre, et à l'aide de quelques paroles mystérieuses qu'ils se dirent à l'oreille, ils jetèrent à trois fois différentes de la terre dans la tombe, et après avoir observé rigoureusement quelques signes et formalités d'usage, ils s'embrassèrent, et cela continua jusqu'à ce que tous les ouvriers compagnons en eussent fait autant.

La tombe qui était restée ouverte, fut entièrement remplie par les assistants, une croix noire en bois fut placée au sommet et l'on y lisait cette laconique inscription : *Ici repose le corps d'un ouvrier mort à la fleur de son âge. Passant, priez pour lui!!...*

A la vue de cette foule calme, respectueuse, qui entourait cette humble sépulture renfermant un si noble cœur, on se sentait l'envie de devenir meilleur. Ah ! si le mausolée de l'opulence et une orgueilleuse épitaphe ne décorent pas cette tombe et ne fixent pas les regards des passants, il restera toujours, pour l'édification des classes ouvrières, le précieux souvenir des vertus que possédait celui qui repose en ce lieu.

Les ouvriers se replacèrent comme ils étaient venus et ils se rendirent avec ordre au lieu habituel de leur réunion.

Il y avait à peine une heure que nous étions arrivé , il faisait nuit et tout le monde se disposait à partir, lorsque des cris de femme se firent entendre vers la porte d'entrée ; tous les regards se portèrent de ce côté, et l'on ne tarda pas à voir paraître une femme maigre, pâle, qui en pleurant s'écriait : *où est mon fils, il est mort, vous venez de l'enterrer.* A peine avait-elle achevé ces paroles, qu'elle tomba sans connaissance, ses vêtements étaient en désordre, ses pieds étaient enflés et meurtris et paraissaient avoir éprouvé la plus rude fatigue ; elle fut transportée dans une pièce voisine.

Un médecin fut appelé et nous recommanda de ne point la quitter ; une garde malade et deux ouvriers restèrent à passer la nuit près d'elle, le lendemain matin nous apprîmes d'une manière certaine que cette femme était la mère de Quercy : elle était partie de chez elle comme une folle, après avoir reçu la lettre qui lui annonçait la maladie de son fils, et elle avait fait près de quarante lieues à pied et sans argent.

Il n'en fallut pas davantage pour que cette femme fût accueillie par nous avec la plus grande vénération ; sa maladie ne fut pas de longue durée et nous eûmes la joie de la voir bientôt en parfaite convalescence.

Cette bonne mère resta parmi nous dix-sept jours ; tous les soirs après la journée finie, un grand nombre d'entre nous se réunissaient dans sa chambre. Nous parlions de son fils, des qualités précieuses qu'il possédait, des regrets que nous éprouvions de ne plus le voir parmi nous; elle pleurait amèrement et nous la consolions. Ces scènes touchantes, qui se renouvelaient souvent, éveillaient en nous le souvenir de notre pays et de notre famille; car, nous aussi, nous avions une mère qui nous aimait tendrement et dont nous étions l'orgueil et l'espérance... Ah! qui pourrait dire ce qui se passait dans nos cœurs en voyant cette pauvre femme en pleurs, profondément accablée, les mains jointes, les yeux levés vers le ciel, priant Dieu avec toute l'énergie de son ame, et lui demandant de lui rendre son fils bien aimé, objet de tout son amour et de toutes ses affections.

Nous étions déjà habitués avec cette bonne mère, et nous avions pour elle les plus grands égards, quand un soir elle nous annonça qu'elle allait nous quitter. Une lettre qu'elle avait reçue de son pays l'obligeait à partir de suite pour des affaires indispensables.

A notre sollicitation elle resta encore quelques jours et nous en profitâmes pour lui procurer quelques vêtements et faire réparer sa chaussure.

Tout avait été prévu pour le jour de son départ, sa place à la diligence avait été payée, une somme de quatre-vingt dix francs lui fut remise la veille avec beaucoup de ménagements, c'était le produit d'une collecte faite parmi nous.

Dès le matin un grand nombre d'ouvriers n'allèrent point à l'atelier; ils voulaient, disaient-ils, faire leurs adieux à la bonne mère, car c'est ainsi qu'elle avait été surnommée. Elle fut conduite pour ainsi dire en triomphe jusqu'au bureau de la diligence. Figurez-vous une femme âgée d'environ quarante-huit ans, proprement vêtue et qui malgré la pâleur de son visage, conservait encore quelque reste de beauté; marchant au milieu d'environ trois cents ouvriers, en habit de travail et qui paraissaient lui porter le plus grand respect.

L'heure du départ était arrivée, cette bonne mère semblait confuse; ne sachant comment nous témoigner sa reconnaissance ; elle nous dit en pleurant, avec l'accent de la plus profonde douleur : — Adieu mes enfants que le bon Dieu vous bénisse, vous le méritez.

Elle n'eut pas sitôt achevé ces paroles, que tous ceux qui étaient éloignés d'elle s'en approchèrent ; chacun voulait la voir et lui serrer la main avant son départ, de grosses larmes s'échappèrent de nos yeux et la voiture s'éloigna au milieu des adieux les plus touchants.

Ce départ nous avait vivement impressionnés ; personne ne voulut retourner au travail, il fut décidé en plein vent et séance tenante qu'une somme égale à celle que la bonne mère recevait de son fils, lui serait accordée et remise par nous pendant six mois, à partir de ce jour.

Cette résolution fit de cette journée pour nous un jour de fête. On se livra au plaisir, à la joie ; chaque physionomie exprimait le bonheur, chacun paraissait heureux d'avoir contribué selon ses moyens à faire une bonne action.

Voilà pourtant ce qui ce passe chez les ouvriers que l'on calomnie sans bien les connaître et que l'on juge sévèrement en masse sans se donner la peine d'apprécier chacun d'eux, ni de distinguer les bons des mauvais. Ah ! pourquoi ceux qui les méconnaissent ne vont-ils pas parfois se mêler à eux, partager les nobles sentiments qui se manifestent au milieu de leurs réunions toutes populaires et voir à quel haut degré se pratiquent chez eux les principes du dévoûment et de la fraternité !

CHAPITRE VIII.

Situation morale et physique des travailleurs.

J'interromps ici mes souvenirs : je passe sous silence mes travaux d'ouvrier; mon séjour dans les villes ; les particularités de ma vie nomade ; et je laisse vingt-cinq années derrière moi ; elles me fourniront plus tard un ample sujet de nouvelles considérations.

J'arrive d'un trait à l'époque où nous sommes, pour saisir d'un coup d'œil et par opposition avec ce qui précède, toutes les améliorations sociales, tous les progrès de l'art, toutes les ressources de l'industrie que notre époque a réalisées Suivre le développement simultané de l'intelligence humaine dans les sciences, les lettres et les arts à la fois, serait une tâche éminemment laborieuse. La vue peut à peine mesurer l'espace qui, en vingt-cinq années, a été parcouru; les prodiges s'y sont succédé avec une incomparable rapidité, un des grands caractères de notre époque sera d'avoir tout fait marcher de front, et travaillé avec une infatigable ardeur à recueillir, préparer et étendre les bienfaits de la civilisation.

La situation des classes laborieuses n'a pas obtenu sans doute les améliorations qu'elle réclame, mais, au point de vue général, on ne peut contester qu'il existe déjà pour elles une condition d'existence qui tend de jour en jour à devenir meilleure; on y trouve, à un état plus ou moins développé, des idées, disons mieux, des besoins de bien-être et d'amélioration qui n'étaient encore qu'en germe dans le siècle précédent. On peut augurer de là que la société, sans exception de rang et d'état, participera bientôt aux avantages qui découleront de la perfection des mœurs et des institutions. Chacun y a droit, le pauvre comme le riche, du moment que chacun apporte à l'œuvre sociale son contingent d'aptitude, d'énergie et de talent; seulement il était impossible d'atteindre à la fois et tout d'un coup à un si haut avantage; c'était là encore une question de temps; résolue pour les uns, elle ne tardera pas à se résoudre pour les autres; le calme et la marche régulière des choses, laissent aisément voir la large part que nous obtiendrons tous du progrès de la civilisation; ce n'est jamais sous l'influence des tempêtes que le fruit parvient à sa maturité.

L'égoïsme qui accapare et l'ambition qui envahit, sont les deux passions de notre époque; elles sont au même degré dangereuses. Malgré le culte de l'intérêt personnel si froidement calculé, qui tarit dans leurs sources les plus nobles inspirations du cœur; il est encore, pour l'honneur de notre temps, de nobles caractères et de généreuses natures; il est des hommes qui éprouvent le besoin de sympathiser avec tout ce qui est grand, tout ce qui est beau et que de sublimes dévoûments recommandent à la reconnaissance publique. L'amour de l'humanité s'est fait jour à travers l'égoïsme du siècle, il a produit et tend à produire d'immenses bienfaits. C'est à ce noble sentiment, que l'on pourrait appeler la passion des grandes ames, que nous devons les associations de tous genres qui se sont formées pour le soulagement de l'indigent; c'est à lui encore que revient la pensée des fermes modèles, des colonies agricoles, des maisons de refuge, des maisons d'éducation correctionnelle pour les jeunes détenus, des sociétés de secours mutuels; à lui qu'il faut attribuer l'établissement des bureaux de bienfaisance, des crèches, des ouvroirs, des salles d'asile que nous trouvons dans toutes les villes, comme l'indice d'une ardente émulation pour le bien, pour l'amélioration du sort des pauvres. D'un autre côté l'esprit d'ordre et d'économie a présidé à la création des caisses d'épargne; ce sont là déjà d'immenses et d'incalculables bienfaits, qui doivent fructifier dans l'avenir. Il y a moins de trente ans, aucun de ces établissements ne nous étaient connus. L'enfant que la Providence faisait naître dans la condition du pauvre et du travailleur était pour ainsi dire jeté au hasard sur l'océan de la vie. L'État était pour lui sans entrailles, sans prévoyance; condamné, par la rigueur du sort à la peine, au travail et à la misère, au milieu d'une famille qui subissait la même destinée; il grandissait sans soins pour le corps, sans culture pour l'esprit. Filles, mères, qui désespéraient de pouvoir s'assurer les premiers moyens d'existence pour les nouveaux nés, eussent fait le sacrifice de la moitié de leur vie si elles eussent pu être certaines de trouver un lieu où la bienfaisance leur eût ouvert ses bras; car les maris, trop fiers pour solliciter des secours qu'on ne leur offrait pas, n'osaient négliger leur travail, unique ressource, pour adoucir leur affreuse position.

Aujourd'hui la société de charité maternelle s'est attachée

à remplacer le cœur, les sentiments et jusqu'au langage de la mère de famille. Dans son active et pieuse sollicitude, elle s'inquiète à chaque heure du jour et de la nuit de la position de l'épouse; elle s'interpose entre la mère et l'enfant, et pour l'une et l'autre; elle devient la bienfaisance qui nourrit, la Providence qui console. La fortune quitte ses somptueuses demeures pour visiter l'asile de la pauvreté, ce n'est plus l'aumône dédaigneuse que la richesse autrefois jetait à la faim, c'est la parole sainte, c'est l'offrande généreuse qu'elle apporte aujourd'hui avec elle.

« Femme et mère, comme vous, s'écrie sur le seuil, la » dame de charité, je sais vos souffrances, car j'ai souffert » aussi : mes soins et mes affections vous sont acquis; c'est » un bien dont vous avez à disposer, qui vous appartient » à l'heure de chaque jour, à vous et à votre enfant. La cha- » rité est un trésor inépuisable que la fortune ouvre à l'hu- » manité. »

Oui, ce sera pour notre époque un éternel honneur que l'institution de cette œuvre incomparable, à laquelle s'empressent de coopérer toutes les femmes, suivant leurs moyens et sans distinction de position et de naissance. Le bienfait n'est plus le privilége de quelques ames, il est la pensée et le devoir de toutes : il est la loi fondamentale de l'association.

De ce principe émané du dogme de la fraternité, n'ont pas tardé à naître, comme d'une serre féconde, d'autres institutions non moins précieuses. Ce n'était pas assez d'alimenter l'enfant du lait qu'il puise au sein de sa mère, il fallait encore, en l'absence de la famille occupée au travail, veiller sur cette frêle créature, essayant ses premiers pas. La salle d'asile s'est ouverte; elle est venue offrir aux mères un refuge paisible et sûr pour leurs enfants, contre les dangers du foyer domestique aux heures de l'absence, contre les accidents de la voie publique, contre l'oisiveté et autres périls, ces redoutables écueils de l'enfance et de la jeunesse. Là, du moins, tandis que le père et la mère se livrent sans alarmes à leurs travaux quotidiens, l'enfant retrouve les soins d'une tendresse affectueuse; il se façonne aux mœurs d'une famille nombreuse et bien réglée. Quelle influence ne doit pas exercer sur la vie de ces jeunes créatures, cette harmonie qui préside à toutes les actions et à tous les mouvements; formées de bonheur aux habitudes de l'obéissance et du devoir; rappelées sans cesse aux bons sentiments, aux obligations de la vie commune, elles rapportent sous le toit paternel ce parfum de vertu qui influe sur le bonheur du ménage, qui en bannit les mauvais exemples, les imprudentes paroles et prescrit la pratique des devoirs qui assurent le bonheur de la société.

La bienfaisance a fait invasion dans le domaine aride de la politique. L'Etat seconde, encourage l'idée philantropique qui se propage, qui s'étend, qui se multiplie sous mille formes utiles et généreuses, s'il n'en a pas pris l'initiative, il en favorise au moins le mouvement et le progrès. L'État a senti que la salle d'asile ne devait pas être le dernier échelon pour l'enfant déshérité de la fortune; au sortir de cette première école de l'enfance, l'adolescent voit s'ouvrir devant lui la porte des écoles publiques; toutes les communes de France en sont dotées. Il continue de trouver là des leçons de morale et de religion; il puise là ses premiers éléments de l'instruction. Depuis l'organisation des écoles primaires, une nouvelle ère commence pour l'enfant du peuple, le privilége de la naissance ou de la fortune a fait place à la supériorité de l'intelligence. L'enfant du peuple est-il doué d'heureuses qualités du côté de l'esprit et du cœur, se distingue-t-il par une éminente facilité parmi ses égaux, l'Etat l'appelle à suivre des cours plus avancés; une bourse au lycée, à l'école normale, à l'école des arts et métiers, à toutes les écoles supérieures lui est offerte par la commune: on encourage, on stimule sa jeune et noble émulation; il parvient jusqu'à l'étude des hautes sciences, auxquelles il n'eût jamais pu arriver sans l'aide et la protection de la société.

Si, au contraire, l'enfant ne manifeste aucune disposition supérieure, on s'en tient pour lui à l'instruction élémentaire qui doit lui suffire. On se gardera bien de lui inspirer une funeste ambition, mais on lui dira :

« Suivez avec honneur la profession de votre famille, amé-
» liorez-là par votre conduite et votre travail : il y a toujours
» quelques avantages à suivre la profession de son père. »

Ainsi, il ne peut plus y avoir désormais parmi nous d'autres titres, d'autres distinctions que ceux que donnent le mérite et la vertu. La société française n'est donc plus formée de classes, mais de citoyens, mais de frères participant aux mêmes droits, jouissant des mêmes avantages ; également dignes d'être estimés dans toutes les professions, car toutes elles imposent aux hommes qui les exercent, le devoir d'être bons, utiles et vertueux.

Voilà les progrès, les améliorations qui se sont opérés depuis moins de trente ans dans notre belle patrie ? L'impulsion est donnée, le temps ne peut que consolider, que développer tous les bienfaits de la civilisation ; mais ce n'est pas trop pour cette grande œuvre, de tous nos efforts réunis. Tout en payant un juste tribut d'admiration à ce qui est fait, voyons sérieusement ce qui reste encore à faire. La position des classes laborieuses attend de plus larges améliorations. C'est beaucoup sans doute d'avoir préparé, par de sages institutions, le passage du premier âge à l'adolescence, de l'adolescence à la jeunesse, mais il y a une autre tâche à remplir, tâche ardue, malaisée, laborieuse.

De la jeunesse à l'âge viril, il y a pour l'enfant du peuple une époque bien grave et bien critique : c'est l'époque du choix d'un état et de l'apprentissage. Nous nous sommes occupés déjà de cette double question, et en esquissant quelques-uns des traits de la vie du jeune ouvrier, nous avons eu en vue de faire sentir combien peu d'efforts on a tenté jusqu'ici pour lui imprimer une bonne direction. Demander que, dans les écoles l'éducation devînt professionnelle pendant une année ou deux, nous semblerait la base première de toute amélioration. L'intelligence du jeune homme appliquée à l'état auquel il se sentirait porté par goût, par volonté, se développerait plus promptement et avec plus de rectitude. Les difficultés de l'apprentissage en seraient beaucoup simplifiées, la tâche du maître allégée, les progrès de l'apprenti plus sûrs et plus complets. La tutelle qui naît de l'apprentissage aurait elle-même besoin d'être mieux déterminée; il y a d'énormes abus auxquels il devient essentiel d'appliquer remède, non seulement dans l'intérêt des jeunes ouvriers, mais encore pour les avantages de l'industrie et pour la perfection des travaux d'art.

Ces considérations, précédemment développées, nous déterminent à exprimer un autre désir qui répond à un autre besoin, nous voulons parler d'une institution de patronage pour le jeune ouvrier, jusqu'à l'époque de son établissement comme maître.

L'expérience fournit tous les jours la preuve du malheureux abandon qui attend le jeune ouvrier à sa sortie d'apprentissage; livré à lui-même, n'ayant pas encore acquis le degré d'instruction nécessaire pour bien connaître son état, ou il se décide à faire son tour de France, ou il s'embauche chez le premier maître qu'il trouve dans sa localité, dans l'un ou l'autre cas, il en résulte pour lui de graves inconvénients; loin des influences de la famille, exposé à mille séductions, tantôt il est entraîné dans une vie de licence et de désordre, qui devient sa perte; tantôt, trop timide pour prendre l'essor, il végette dans l'obscurité, et laisse, faute d'occasion de se produire, s'étioler les heureuses dispositions qu'il avait annoncées. Ainsi, l'art et la morale souffrent également du manque de direction que nous signalons. L'institution de Comités de patronages, établis pour cela dans les villes, suffirait pour y porter remède.

Ces Comités auraient pour mission de guider l'ouvrier sorti d'apprentissage, dans le choix du moyen à employer pour se perfectionner dans son état;

De lui indiquer, dès son arrivée dans une ville, à l'aide des ouvriers de l'état qu'il professe, les ateliers de travail où il devrait être admis ;

De le former, par des exhortations persuasives et une surveillance toute paternelle, aux principes d'ordre, d'économie, de fraternité, en un mot, de conduite sociale ;

De lui procurer de suffisantes ressources en cas de chômage, d'accidents ou de maladie ;

De stimuler son émulation par des primes accordées, ou des récompenses décernées au travail, à l'assiduité, aux chef-d'œuvres et aux belles actions.

Nous indiquons sommairement, mais assez pourtant pour les faire comprendre, les devoirs que ces Comités auraient à remplir; l'influence utile qu'ils seraient à même d'exercer sur les mœurs de la classe ouvrière ; les renseignements qui en résulterait pour le progrès des arts indistinctement. Ainsi, l'enfant du Peuple arriverait successivement, de la salle d'asile aux écoles publiques; de l'école à l'apprentissage, et viendrait trouver, pour complément de son éducation morale et professionnelle, le Comité de patronage; on verrait bientôt s'éteindre et disparaître ces dissidences, ces préjugés barbares entre les corps d'états. Maintenus sous une même loi de fraternité, les ouvriers s'estimeraient entre eux; les patrons prendraient pour loi l'équité, et les ouvriers la raison; les professions seraient au même degré : honorées, parce que au même degré elles seraient exercées par des hommes honorables.

Et que ne gagnerait pas aussi l'état social à cette sage impulsion donnée simultanément aux classes laborieuses? Les Comités de patronage, composés d'hommes distingués, d'un dévoûment éclairé, d'une expérience éprouvée, se seraient bientôt acquis la confiance de l'ouvrier. Des relations qui s'établiraient entre eux, il résulterait un sentiment réciproque d'estime, car, par nature, l'ouvrier est bon, franc et généreux, il se sent porté d'affection pour qui s'intéresse à son sort, l'aide de ses conseils, l'encourage dans ses travaux. L'état d'hostilité dans lequel il semble vivre à l'égard des classes riches tient donc plutôt, chez lui, à des impressions mal définies, à de dangereuses suggestions, qu'à de vraies et de profondes convictions. Plus les rapports deviendront fréquents entre eux, plus ces impressions s'effaceront, plus ces suggessions resteront impuissantes. Il n'y a plus de castes ni de classes, mais, dans toutes les sociétés, il y aura toujours des hommes plus favorisés que les autres par la nature ou par la fortune.

Les principes de la fraternité imposent à ceux-ci de plus grands devoirs à remplir ; car dans l'Etat toutes les positions se lient et s'enchainent ; il y a un besoin commun qui rend l'homme utile à l'homme. La richesse n'est donc pas une chose absolue, son devoir est de venir en aide au travail ; elle est à la société ce que le sang est au corps : un principe vivifiant et régénérateur.

Malheureusement ce grand principe n'a pas été bien compris de part et d'autre, il en résulte que l'ouvrier qui souffre est sous l'inspiration du désespoir, a souvent accusé la société de ses malheurs et de ses souffrances, il a vécu jusqu'à ce jour dans une hostilité permanente, dans une défiance continuelle contre les classes qui possèdent ; il n'a pas toujours compris que ses souffrances, sa misère étaient une conséquence de la volonté de Dieu ou dues à des inégalités inséparables de l'humanité.

Les classes aisées, de leur côté n'ont pas su assez intéresser les masses en remuant en elle les fibres délicates de l'ame, par des témoignages d'estime et de reconnaissance ; l'échange des relations n'a pas été assez fréquent, on a souvent regardé le travail comme une cause de dégradation, ou comme un châtiment et une humiliation, on s'est trompé ; que l'on y réfléchisse attentivement, et l'on verra que le travail est un don que Dieu a fait, à l'homme, non pour le punir, mais pour le perfectionner. Le travail honore, fait la gloire et la prospérité de tous les Etats, il rend l'homme libre, indépendant, il le force à développer son intelligence de laquelle surgit tout sentiment d'honneur, il le distingue de la brute, il l'affranchit du besoin, lui soumet la nature et l'élève jusqu'à la majesté du créateur.

Les progrès qui se sont fait sentir jusqu'à ce jour, les perfectionnements que nous avons lieu d'espérer sans secousses, en tant qu'ils sont compatibles avec l'état des mœurs et le respect, des intérêts légitimement consacrés, conduiront infailliblement les masses à l'émancipation intellectuelle en leur faisant goûter le pain de l'intelligence dont elles ont autant besoin que de celui du corps.

Considérons donc ce qui est en effet la désolante réalité de cette partie de la société, que nous appelons les masses, qui forment en quelque sorte un corps à part dans le corps social.

Personne ne peut nier aujourd'hui que la société ne soit divisée en deux parties séparées, n'ayant rien de commun ni dans les habitudes, ni dans les mœurs, ni dans les besoins; à l'une la richesse, les commodités de la vie, l'exercice du pouvoir, les jouissances de toutes sortes, la culture et les plaisirs de l'intelligence; à l'autre la pauvreté et l'obéissance, l'ignorance stupide de la vie matérielle, même dans ses plus rudes exigences. Il n'y a pas de sentiment d'humanité, de moralité, de justice à placer tous les intérêts en guerre ouverte, au lieu de les associer par un lien d'échange et de bienveillance mutuelle.

Suivant la loi sublime de l'Evangile nous sommes tous frères, nous naissons tous égaux aux yeux de Dieu, pauvres comme riches, formés par le même principe créateur d'une même matière, sujets aux mêmes affections, aux mêmes causes de destruction; or, l'avenir serait évidemment plein d'orages si le préjugé, si les passions qui nous agitent aujourd'hui et divisent les classes qui possèdent et celles qui aspirent à posséder, si l'antagonisme qui les conduit à se regarder en ennemis, devaient se perpétuer.

Les hommes qui veulent le bonheur de leur pays, ceux qui songent à l'avenir, et sont désireux de prévenir tous sujets de dissensions graves, doivent donc intervenir avec persistance et courage. Pour arriver à ce but, il faut s'efforcer de faire disparaître autant que possible les préjugés qui existent entre les différentes classes de la société, de manière à ce qu'elles aient une pensée commune, à ce qu'elles répondent aux mêmes sentiments, à ce que, s'assimilant peu à peu, elles viennent se fondre en une seule et même classe, sous l'empire d'un même intérêt. Il faut s'appliquer à rendre l'homme meilleur en lui donnant une éducation morale et intellectuelle qui puisse développer l'intelligence, agrandir l'ame, diminuer le plus possible ses fatigues et ses souffrances, et favoriser le travail. Ainsi l'on parviendra graduellement à l'extinction de la mendicité; l'on diminuera cette lèpre sociale que l'on appelle la misère; car la misère est le génie du mal: elle engendre les crimes, elle produit les émeutes et enfante les révolutions.

Prévenir la misère par un travail facile et lucratif est le devoir des gouvernements et des hommes généreux.

Ce but si honorable et si riche d'avenir pour les générations qui s'élèvent et qui doivent coopérer à l'œuvre de consolidation de l'édifice social, est celui auquel nous devons tous nous attacher, c'est une œuvre sans doute vieille comme le monde, mais à jamais nouvelle, puisqu'elle n'est pas encore accomplie et qu'elle profite à tous. Sublime cause à laquelle il faut rester fidèle pour se maintenir dans les voies de la moralité, du progrès et de la civilisation.

Malheur à celui qui faiblirait à la tâche, l'isolement serait maintenant une abdication, un manque de charité et de religion. Tout homme dans ce monde a sa part de responsabilité. Il n'y a de salut pour personne que dans le salut de la société tout entière.

Les améliorations que nous avons signalées, celles que nous devons attendre du progrès du temps, ne peuvent manquer de faire bien comprendre cette vérité ; devant elles tombent déjà toutes ces théories imprudentes qui avaient causé dans les masses une surexcitation si profonde. Ayons confiance dans l'avenir, la précipitation et l'impatience conseillent toujours mal. L'avenir, on le prépare, on l'attend, et quand l'heure est venue pour la réalisation d'une idée, d'un projet et d'un principe, il n'y a pas de force humaine qui puisse en ajourner la conquête et le triomphe ; car Dieu n'a délégué à personne la force de s'y opposer.

www.ingramcontent.com/pod-product-compliance
Ingram Content Group UK Ltd.
Pitfield, Milton Keynes, MK11 3LW, UK
UKHW021147220726
13924UKWH00003B/1053

9 782019 217396